RAIMUND LINDHORST

Klöster · Buddhas
Rituale

Eine Einführung in die tibetisch-buddhistische Geisteswelt
mit ihrer Bildersprache und ihren Ritualen

Raimund Lindhorst

Klöster · Buddhas Rituale

Eine Einführung in die tibetisch-buddhistische Geisteswelt mit ihrer Bildersprache und Ritualen

mit zahlreichen Zeichnungen, 151 Abbildungen und 121 von ihnen in Farbe

RHOMBOS

Meinen tibetischen und
buddhistischen Freunden

Bibliografische Information Der Deutschen Bibliothek
Die Deutsche Bibliothek verzeichnet diese Publikation in der
Deutschen Nationalbibliografie; detaillierte bibliografische
Daten sind im Internet über http://dnb.ddb.de abrufbar

Lindhorst, Raimund

Klöster · Buddhas · Rituale
Eine Einführung in die tibetisch-buddhistische Geisteswelt
mit ihrer Bildersprache und Ritualen

Buddhismus / Symbolkreise / Ikonographie / Bildersprache / rituelle Handlungen

RHOMBOS-Verlag, 10785 Berlin

ISBN 3-938807-12-1
ab 1. 1. 2007 – ISBN 978-3-938807-12-5

Lichtbilder aus tibetischen Klöstern in Ladakh / Klein Tibet
und mit dem Abdruck eines Signums des Dalai Lama, das er
an die gleiche Stelle in das Exemplar Nr. 20
des vorab gedruckten Buches 2002 geschrieben hat

1. Ausgabe 2006
Erweiterte und verbesserte Auflage des Vorabdrucks

Fotografien, Buch- und Umschlaggestaltung: Raimund Lindhorst
Lithographien: Lutz Digitaler Medien Service GmbH, 14059 Berlin
Druck und Buchbindung – dbusiness.de, 10409 Berlin

ISBN 3-938807-12-1
ab 1. 1. 2007 – ISBN 978-3-938807-12-5

Inhaltsverzeichnis

Seite

Vorwort 11

Zur Einführung 15

Im Klosterbereich

Tschörten 19

Maṇi-Mauern 21

Klöster (Allgemeines)

Der Klosterhof 24

Die Veranda vor dem Tempel 25

Das Rad der Ezistenzen 26
Weg der Meditation und Beruhigung 30
Die Vier Einträchtigen 32
Verhaltensregeln für die Mönche 33

Die Tempel (Allgemeines) 34

Symbolik

Symbolkreise 37

Die Acht Glückssymbole 37
Die Acht glückbringenden Dinge 40
Die Sieben Kostbarkeiten der Königsherrschaft
oder die Sieben königlichen Besitztümer 43

Die Sieben sekundären Kostbarkeiten 45
Die Sieben Juwelen 46
Die Fünf Sinneswahrnehmungen oder die Fünf Arten des Genusses 47

Kultbilder

Einführung (Allgemeines) 49

Schützer und Wächter der Lehre

Lokapālas, die vier Himmelskönige 57

Dharmapālas, die Wächter oder Beschützer der Lehre 57

Mahākāla, der große Schwarze 57
Śrīdevī, die Glorreiche Göttin 60
Begtse, das verborgene Panzerhemd 62
Hayagrīva, Pferdehals oder Pferdenacken 62
Sitabrahmā, der Weiße Brahmā 63
Kubera und Jambhala 63
Yama, das Sinnbild der Unwissenheit und des Todes 64
Yamāntaka, der Besieger des Todes 64
Mañjuśrī-Yamāntaka 66

Weitere Schützer der Lehre

Mahāpañcarājas, die fünf großen Könige 66

Buddhas

Buddha Śākyamuni, der historische Buddha 67

Der Ur- oder Ādi-Buddha 70

Vajradhara, der Halter des Diamantzepters 71
Samantabhadra, der Allumfassende Gute oder Ringsum Segensreiche 71

Die fünf Dhyāni-Buddhas oder Jinas 71

Die Herukas, die machtvollen Bluttrinker 75

Die reinigenden Buddhas 78

Die heilenden Buddhas 79

Personifizierungen von Lehrsystemen

Guhyasamāja, der Herr der Geheimnisse 82
Hevajra 82
Cakrasaṃvara, Höchste Glückseligkeit 83
Kālacakra, das Rad der Zeit 86

Bodhisattvas

Maitreya, der Liebende, der Allgütige 90
Vajrapāṇi, der Halter des Diamantzepters 90
Avalokiteśvara, der [gütig] herabschauende Herr 91
Mañjuśrī, der glorreiche Sanfte 95
Tārā, die Retterin 95
Vajrasattva, das Diamantwesen 99

Weitere weibliche im Geist entstandene Wesen

Uṣṇīṣavijayā, die siegreiche Göttin der Erleuchtungserhöhung 99
Sitātapatrā und Sitātapatrā Aparājitā, die Unbesiegte 102
Ḍākinīs 103

Alttibetische Göttinnen

Die fünf Schwestern des langen Lebens 103
Die Göttinnen der vier Jahreszeiten 106

Historische Personen

Padmasambhava 106
Weitere historische Personen (nur in bildlicher Darstellung) 111

Sakrales

Kultgeräte und Gegenstände

Butterlampen 114
Opferschalen 114
Opferkuchen, Butterbilder *(tormas)* 115
Bücher 119
Maṇḍalas 119
Diamantzepter *(vajra)* und Glocke *(ghaṇṭā)* 126

Rituelle Handlungen

Reinigung und Niederwerfung 126
Rezitieren von tantrischen Schriften 127
Andacht *(pūjā)* 127
Ausschnitt aus einem Yamāntaka-(Gelugpa) Ritual 130
Feueropferzeremonie 134
Tscham-Mysterien 135

Anhang

Ausspracheinweise 144
Quellenhinweise 145
Literaturverzeichnis 150
Register 152

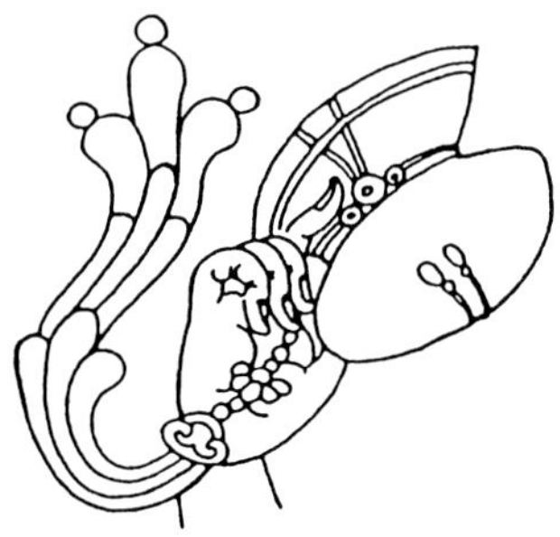

Vorwort

Mit diesem Buch lege ich meine zweite Veröffentlichung über die Symbolik im tibetischen Buddhismus vor. In meiner ersten habe ich mich einigen ausgewählten Aspekten des Buddha zugewandt und dem Leser ihre jeweilige symbolische Bedeutung vor Augen geführt. Diese wendet sich nun dem Klosterbereich zu, was bedingt, daß in ihr die ganze Bandbreite der Ikonographie aufgezeichnet werden muß. Jedoch hat das wiederum zur Folge, daß von ihr nur ein allgemeingehaltener Abriß gegeben werden kann. Deswegen sei den Lesern, die sich für die Symbolik der Darstellungen des Buddha interessieren, auch mein erstes Buch* zum weiteren Studium empfohlen. Die beiden Bücher wiederholen sich nicht, sondern sie ergänzen einander. Im übrigen dürften stets Betrachtungen aus verschiedenen Blickwinkeln hilfreich sein.

Einmal hatte ich einen Lama nach der symbolischen Aussage der weißen und roten Farbe gefragt, die die beiden äußeren Köpfe der Herukas besitzen (die des mittleren entspricht immer der seines Körpers). Da bekam ich die mich zunächst überraschende Antwort, daß er mir das leider nicht sagen könne, da er über die Herukas nicht meditieren würde – ich möchte mich aber an einen Lama der Nyingmapa, der Schule der Alten, wenden.[1] Hierdurch wird einem bewußt, daß jede Schule gemäß ihrem Lehrsystem zum Teil jeweils andere Aspekte des Buddha in den Vordergrund stellt, und zum anderen, daß diese Dinge meist nicht in Büchern zu finden und nur in der Meditation zu erfahren sind. Das zeigt, wie wichtig es ist, bildliche Darstellungen der zahlreichen gedachten Aspekte des Erleuchteten um sich zu haben sowie sie mit allen ihren Einzelheiten in sich aufzunehmen. Das erklärt ferner, weswegen man so viele Erscheinungsformen des Erwachten in den Tempeln abgebildet findet. Sie sind alle Meditationshilfen, da der Meditierende in den Meditationen über einen Buddha ihn auch mit allen seinen Details in der Darstellung (zum Beispiel die jeweilige Anzahl der Köpfe und Arme, die Mudrās der Hände sowie die in ihnen gehaltenen Embleme) vor seinem inneren Auge visualisiert. Dies geschieht **in etwa**, wie es in meinem ersten Buch* bei dem elfköpfigen und achtarmigen Avalokiteśvara zu finden ist. – Bei der Schwierigkeit der Materie wurden von mir zur Beantwortung von Fragen nur Buddhisten herangezogen, die meditative Erfahrungen besitzen, und besonders auch Veröffentlichungen von Lama Anagarika Govinda, der außerdem ein bedeutender Gelehrter war, Mitglieder seines Ordens sowie tibetische Lamas und die Library of Tibetan Works and Archives in Dharamsala. Am Beispiel der Symbolik

---

* „Darstellungen des Buddha und ihre symbolische Bedeutung im tibetischen Buddhismus", siehe Literaturverzeichnis im Anhang.

der Sieben königlichen Besitztümer ist zu erkennen, wie zutreffend die Aufzeichnungen von Lama Govinda sind. In seinem Buch „Buddhistische Reflexionen“ hat er sie ausführlich interpretiert. – Als mir des öfteren die Darstellungen eines weiteren Symbolkreises in der Literatur begegneten, und über sie stets nähere Angaben fehlten, wandte ich mich mit einer Anfrage nach Dharamsala. Die Antwort war erstaunlich, die symbolischen Bedeutungen entsprachen sinngemäß den Deutungen, die Lama Govinda für die königlichen Besitztümer gefunden hatte. Das schrieb ich zurück nach Indien und erhielt nach einer längeren Pause die Nachricht, daß es sich bei den beiden unterschiedlich dargestellten Gruppen um den gleichen Symbolkreis handeln würde, der aber von zwei verschiedenen Malschulen in bildliche Darstellungen umgesetzt worden ist. Das zeigt, daß es bei den Symbolen nicht nur in der wörtlichen Interpretation Differenzen gibt, sondern auch in ihrer bildlichen Gestaltung.

Die Symbolik des Lamaismus ist äußerst kompliziert. Es gibt in ihr und ihren Darstellungen nichts Zufälliges. Auch die kleinsten Details sind bewußt gestaltet. Es ist nur die Frage, in wieweit wir sie zu entschlüsseln vermögen. Es muß auch davon ausgegangen werden, daß der ursprüngliche Sinn einiger Symbole im Laufe der Jahrhunderte verlorengegangen ist und daß sie später eine Neuinterpretation erfahren haben. Ferner muß darauf hingewiesen werden, daß in der Symbolik verschiedene Ebenen unterschiedlicher Bedeutung vielschichtig austauschbar sind.[2]

Die symbolischen Darstellungen lassen sich nur zu einem kleinen Teil aus ihrem jeweiligen Zusammenhang lösen und gesondert behandeln. So sind diese weitgehend in ihren Beziehungsbereichen belassen worden und finden dort ihre Erklärungen.

Betritt ein nicht in den tibetischen Buddhismus eingeführter Besucher die ersten Male in diesem Kulturraum einen Tempel, dann steht er verwundert, ja hilflos den vielen Wandmalereien gegenüber. Er kann nicht begreifen, warum die Anzahl der Personen, und insbesondere die der Buddhas, so groß ist, und warum es neben den friedvollen auch fratzenhaft wirkende, machtvolle Erscheinungsformen gibt. Wie soll ihm auch bewußt sein oder werden, daß er vielfach nur zwei verschiedene Aspekte von ein und derselben Wahrheit eines Gedankens oder Sachverhaltes sieht? Darüber hinaus stellen sich hier noch weitere Fragen, auf die später noch eingegangen werden muß.

Die Namen der Kultbilder wurden bewußt in Sanskrit, in der Kultursprache des alten Indien, angegeben, da diese bei uns in dieser Form am gebräuchlichsten sind. Zusätze in tibetisch wurden nur da gemacht, wo die betreffenden Namen bei uns allgemein bekannt sind und zum Verstehen, zum Beispiel von Tempeln (Maitreya-Tempel = Dschampa-Lhakhang), beitragen können. Leider konnte für einige im Geist entstandene Wesen nur ihr tibetischer Name in phonetischer Schreibweise gefunden werden, so daß sie deshalb in dieser Form übernommen werden mußten.

Die tibetischen Mysterienspiele haben von Kloster zu Kloster einen anderen Verlauf, wie auch ihre Dauer unterschiedlich ist, so daß es für sie keine einheitliche Beschreibung geben kann. Die in diesem Buch geschilderten Tscham-Mysterien finden im Kloster Hemis (Ladakh) statt, die von Lama Govinda als die eindruckvollsten bezeichnet wurden, die er miterlebt hat.[3] Sie erstrecken sich (heute) über zwei volle Tage und beinhalten Parallelen sowie uns unverständliche Längen. Darum wurde neben einer Raffung versucht, den Ablauf so darzustellen, als ob es nur einen Spielablauf an einem Tage geben würde, wobei aber die Bilder von beiden Tagen stammen. Im übrigen ist es nicht die Aufgabe dieses Buches, den Verlauf eines Tscham-Mysterienspieles akribisch genau aufzuzeigen, sondern seine Bedeutung und Symbolik soweit wie möglich verständlich zu machen. – Zu einzelnen Teilen gibt es zahlreiche Auslegungen oder Deutungen. Doch von der Sache her erscheinen viele von ihnen zu unwahrscheinlich, als daß man ihnen folgen kann. Deswegen blieben sie bei dieser Arbeit unberücksichtigt.

Die angegebenen Quellenhinweise beziehen sich vielfach auf Informationen, die ich von Lamas erhalten habe und Ritualtexten entnommen wurden bzw. sich auf sie beziehen müssen. Hier konnte nur der Informant und nicht die Schriftstelle selber als Quelle angegeben werden, da zu deren Ermittlung noch weitere Jahre der Forschung erforderlich gewesen wären. – Als Beispiel mag die folgende Antwort stehen, die mir auf eine Frage zuging: „daß in einem Ritual die Dämonen *(geg)* und bösen Geister *(dön)* [die Schwierigkeiten in uns selber] durch einen Schlag mit einer Keule – die in zwei Formen existiert *(genśing* und *betschön*) – auf einen längeren, kantigen Stab *(gentri)* simbolisch vernichtet werden“.[89] Letzterer ist als Emblem des Bing-Mahākāla zu sehen (S. 69, Abb. 31).

Allen, die zum Werden diesen Buches beigetragen haben, sei herzlich gedankt. Leider ist es nicht möglich, sie alle namentlich aufzuführen. Zu besonderem Dank bin ich Lama Gesche Thubten Ngawang vom tibetischen Zentrum Hamburg verpflichtet, der mir half, einen miterlebten Teil des Yamāntaka-Rituals in einem Kloster der Gelugpa-Schule oder Lehrrichtung zu verstehen. – The Library of Tibetan Works and Archives in Dharamsala erfüllte Symbole mit einem Sinn und gab ihnen damit Leben. – Die Hinweise zur Aussprache der Sanskritwörter gab freundlicherweise wiederum Herr Dr. Klaus Butzenberger. – Mein Freund Heinz Kucharski (†), Kustos am Museum für Völkerkunde zu Leipzig i. R., betreute das Manuskript trotz seines hohen Alters lektoratsmäßig. – Lama Lodro Rinpoche und Lama Loten Dahortsang vom Tibet-Institut in Rikon waren wiederum so liebenswürdig und hilfsbereit und sahen auch dies Manuskript vor seiner Drucklegung durch. Ihnen und allen Ungenannten nochmals vielen Dank für ihre Mithilfe, ohne die das Buch nicht in dieser Form hätte entstehen können.

Raimund Lindhorst

Zur Einführung

Man kann ein Land, das einem von Natur aus völlig fremd ist, einfach als etwas Exotisches, Fremdes betrachten oder aber versuchen, in seine Kultur einzudringen und sie verstehen zu lernen. Dieses Herangehen kann vielfachen Gewinn bringen.

Tibet und Ladakh (Klein Tibet), was für geheimnisvolle Namen! Früher, zur Zeit tibetischer Macht, war der letztgenannte eine abwertende Benennung. Heute aber, wo in Tibet die meisten Klöster das Inferno der chinesischen Okkupation nicht heil überstanden haben, sind Bhutan, Sikkim und insbesondere Ladakh, das als einziges für jedermann frei zu bereisen ist, intakte Inseln einer sehr alten tiefsinnigen Kultur, die wir dort ungestört erleben, in uns aufnehmen und studieren können.

Wer einmal im Gebirge gewandert ist und Gipfel erstiegen hat, weiß, was Bergeinsamkeit ist, und wie nah man sich dort der Natur und der Allmacht Gottes verbunden fühlt. Deshalb ist es nicht verwunderlich, wenn die Tibeter – deren Täler etwa in der Höhe des Großglockners liegen – mit ihren Geistern, Göttern und Dämonen eng verbunden sind. Sie sind in ihren Ursprüngen älter als der Buddhismus und spielen auch heute noch eine beachtliche Rolle. Gottheiten wie im abendländischen Denken gibt es jedoch nicht. Die Tibeter wurden nicht zum Buddhismus bekehrt, sondern die Bevölkerung integrierte ihn mit seinen zahlreichen im Geist entstandenen Wesen – ihre Gesamtzahl wird einschließlich aller ihrer Erscheinungsformen auf sechzigtausend geschätzt[4] – in ihre Geisteswelt. Hierfür gibt es zahlreiche Beispiele, wie wir noch sehen werden. Jeder Berg, jeder Bach, jedes Tier und natürlich auch die Menschen haben ihre Geister und Gottheiten, die sie beschützen. Es gibt auch den großen Versucher Māra mit einer ganzen Schar von kleinen Versuchern in seinem Gefolge, den bösen Geistern. Das mag uns aufgeklärten Menschen der Neuzeit zunächst absurd vorkommen. Doch wenn wir hierüber nachdenken, wird uns bewußt, daß der tibetische Buddhismus im Volksglauben teilweise stark von den Vorstellungen vorbuddhistischen Denkens durchdrungen ist. Da verwundert es nicht, wenn unter anderem die Trägheit, die uns daran hindert, etwas Vorgenommenes in die Tat umzusetzen, symbolhaft einem bösen Geist zugeschrieben wird. Wer weiß nicht, wie es zum Beispiel in uns zwackt, zu viel erhaltenes Wechselgeld nicht wieder zurückzugeben. Das sind die „bösen Geister“. Wir sehen hieraus, daß die Symbolik den Buddhismus im tibetischen Raum sehr lebendig und wirkungsvoll macht, und wir müssen versuchen, ihre Ausdrucksformen zu verstehen und beim Studium dieser Kultur nie außer acht zu lassen. Wenn wir uns dessen bewußt geworden sind, dann verstehen wir auch das Vorhandensein von „bösen Geistern“, vor

1 Ein Ladse auf einem vielbenutzten Paß

denen man sich schützen muß. So befinden sich auf Gebirgspässen die Ladse, die meist nur aus einem Haufen loser Steine bestehen, aus denen Stangen mit Gebetsfahnen herausragen. Nur auf Pässen, die viel überquert werden, sind einige Steine mit Mörtel aufeinander gefügt. Sie sind die Heimstätten von Schutzgottheiten. So gibt es auch vor Klöstern und auf Dächern sowie an Wohnhäusern Bauwerke beziehungsweise Gegenstände, die der Abwehr von Geistern und Dämonen dienen.

2 Ein Lhato, die Heimstatt einer Schutzgottheit

Vor verschiedenen Klöstern befindet sich eine Heimstatt des Dorje Śugdan, einer Schutzwesenheit schrecklichen Aussehens, die in einem Lhato wohnt. Dieses Bauwerk wurde aus dem Schamanismus entlehnt, wo gleichartige Gebäude Darstellungen des Weltenbaues waren. Mit dem Aufkommen des Buddhismus erfuhren die drei Etagen mit dem Pfahl, der aus der Spitze des Bauwerkes herausragt, eine Umdeutung und wurden zum Symbol des Kosmos mit seinen drei Bereichen Himmel, Luftraum und Erde.[2] Ähnlich dem Lhato ist ein Lhatswo gebaut. Das Bauwerk dient ebenfalls einer Schutzwesenheit zur Heimstatt und zur Geisterabwehr; mitunter sind auf ihm Darstellungen von ihr zu sehen. Sie hat ein furchterregendes Gesicht mit drei wild dreinblickenden Augen und einem aufgerissenen Rachen mit gefährlichen Reißzähnen, ein wirklich angsteinflößendes Bildnis, dem wir noch oft begegnen werden. Hier fragt man sich, warum wird eine „Gottheit" so drastisch dargestellt, wenn es sich noch um eine „gute" handelt? Ihre Aufgabe ist es, alles Böse abzuwehren, also muß sie furchterregend aussehen, damit sie die bösen Geister erschreckt und diese den Ort meiden. – Am Lhatswo sind an allen vier Ecken und an der Mittelspitze Gebetsfahnen an Stangen angebracht. Ferner ist um die Spitze in der Mitte ein dichter Kranz aus Wacholdergestrüpp zu sehen. In ihm sollen sich die bösen Geister fangen.

3 Ein Lhatswo, in dem ebenfalls eine Schutzgottheit beheimatet ist

Eine andere Art von Geisterfallen, die ebenfalls einen Rest alter schamanischer Lebensformen darstellt, ist ein Fetisch aus strohähnlichem Material, der wie ein Tier-

4 Eine aus Fäden hergestellte Geisterfalle in einem Kloster

kopf mit zwei Hörnern geformt ist. In ihn ist mitunter die Schädeldecke eines Tieres eingearbeitet. An seinem anderen Ende befindet sich ein aus Stöcken und Fäden gearbeitetes Fadenkreuz, in dem sich wiederum die bösen Geister fangen sollen.

Auf den Dächern der Klöster sieht man oft – wie auch in Händen zornvoller im Geist entstandener Wesen – einen Triśūla, einen Stab mit einem Dreizack (ähnlich der Neptunsgabel) an der Spitze, auf einem Totenschädel, dessen hohläugiges Gesicht vom Kloster weg in das Land gerichtet ist. Auch sie dienen zur Abwehr des Bösen. Der Triśūla wurde aus dem Hinduismus übernommen. Er war das Emblem des Śiva und stellte die Einheit der drei Gottheiten: Brahmā, den Weltschöpfer, Viṣṇu, den Welterhalter und ihn, den Weltzerstörer, dar. Im Buddhismus ist das Attribut zum Symbol für die Überwindung der Drei Grundübel oder geistigen Gifte: Gier, Haß und Unwissenheit/Wahn (Ichwahn) geworden,[2] – oder es wird gleich der Triratna (Drei Kostbarkeiten oder Juwelen) als ein Symbol für Buddha, die Lehre und die Mönchsgemeinde angesehen.

5 Ein Triśula, die der Abwehr von bösen Geistern dient

Ferner dienen auch Hörner von Steinböcken und Widdern oder gar gehörnte Tierköpfe zur Abwehr des Bösen. Diese Fetische sind an Wohnhäusern, auf Lhatos liegend sowie vor und in Tempeln zu sehen. Ja, selbst eine tote Fledermaus, die in dem Schutzgottheitentempel eines Klosters zu finden ist, dient der Abwehr böser Geister. Diese Form der Geisterabwehr kannte man gelegentlich auch früher noch bei uns in der Lüneburger Heide an Scheunentoren entdecken.

6 Gehörn von Tieren in einem Schutzgottheiten-Tempel, das böse Geister ferhalten soll

Eine weitere Schutzmaßnahme stellt das schwarzgraue Einfassen von Fensteröffnungen sowie von Nischen dar, in denen sich Maṇi-tschö-khors (Gesetzesräder) befinden. Schwarz und Dunkelblau sind die Farben vieler Schutzwesenheiten, und so benutzt man sie auch hierfür. Vielleicht ist es in diesem Zusammenhang interessant zu wissen, daß in Marokko „im

7 Maṇi-tschö-khors in einer Nische, die zur Abwehr böser Geister schwarz eingefaßt ist

8 Ein rothaariger Tsan, der nachts sein Unwesen treibt

9 Ein Tsandog, der die Kobolde vertreiben soll

Großen Süden" zum gleichen Zweck die Einfassungen der Fenster weiß getüncht werden und dort auch Silberschmuck, da er hell und glänzend ist, zur Geisterabwehr getragen wird.

Und schließlich gibt es in den Bergen rothaarige Kobolde *(tsan)*, die nachts ihr Unwesen treiben. Zu ihrer Abwehr werden kleine Steinpyramiden *(tsandog)* errichtet, die oft rot angestrichen werden. Demselben Zweck dienen auch rote Dreiecke oder Punkte und insbesondere rote „Strichmänner", die an die Hauswände gemalt werden und zum Teil auch Waffen tragen. Diese Maßnahmen sollen alle unter Umständen kommenden Kobolde glauben machen, daß schon andere von ihnen dort am Werke seien und sie veranlassen, sich an anderer Stelle ein Betätigungsfeld zu suchen.

Im Klosterbereich

Tschörten

Überall im tibetischen Raum begegnet man diesen wohl symbolträchtigsten Bauwerken überhaupt. Es sind lamaistische Abwandlungen der indischen Stūpas, die ihren Ursprung in den Hügelgräbern (Tumulus) haben. Die Asche des Buddha wurde in acht Stūpas beigesetzt, und die Dalai Lamas bestattete man nach ihrer Mumifizierung in Meditationshaltung in Silber-Tschörten. So ist der Tschörten Erinnerungsmal und/oder Reliquienbehälter zugleich. Der Buddhist erweist ihnen seine Ehrerbietung, indem er die Bauwerke dreimal rechtsgehend umwandelt, wie die Planeten die Sonne umkreisen. Der Gläubige wird dabei von der „heiligen Mitte" gleichsam symbolisch erleuchtet, wie die Sonne die sie umkreisenden Planeten bestrahlt.

Der Tschörten stellt aber auch ein Maṇḍala, ein Diagramm kosmischer Kräfte, dar, was besonders gut am Grundriß eines Stūpas zu erkennen ist.[6] Die symbolische Bedeutung seiner einzelnen Bauteile entsprechen dem Tanjur.[7] Doch das läßt sich auf die Bauform eines Tschörten, die eine abweichende ist, nur schwerlich übertragen. Dem kubischen Unterbau des Tschörten, in den mitunter auch Reliquien eingebracht werden, ist das Element Erde (mit der Farbe Gelb) sowie der Dhyāni-Buddha Ratnasambhava zugeordnet. – Auf dem Kubus befinden sich meist vier Stufen, die ebenfalls unterschiedlich interpretiert werden. Man hält sie für die vier Wunderkräfte und Tugenden eines Buddha. – Darüber erhebt sich der

10 Ein tibetischer Tschörten

11 Ein maṇḍala – förmig gebauter Stupa

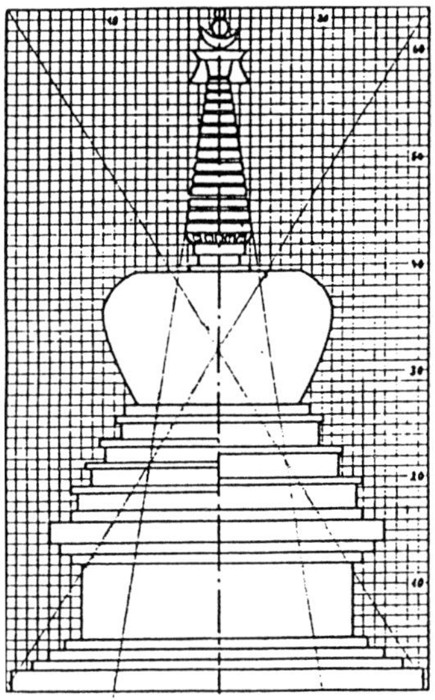

gewölbte Mittelteil, der auch als Gefäß bezeichnet wird. Er versinnbildlicht den Urozean, aus dem alles kommt. Dementsprechend ist ihm das Element Wasser (Farbe Weiß) sowie der Dhyāni-Buddha Akṣobhya zugehörig. In diesem Teil des Tschörten befinden sich mitunter ebenfalls Reliquien oder eine kleine Öffnung, in der Bildnisse des Buddha zu sehen sind. – Auf dem gewölbten Mittelteil erhebt sich die Spitze, die aus sieben bis dreizehn Ringen besteht. Sie drücken die verschiedenen Erleuchtungsstufen aus. Mit diesem Teil des Tschörten ist das Element Feuer (Farbe Rot) verbunden sowie der Dhyāni-Buddha Amitābha. – Die Spitze wird von einem Schirm bekrönt, der früher erheblich größer ausgearbeitet war. Er ist auch heute noch ein Zeichen geistiger und königlicher Macht und beschützt symbolisch vor allem Übel. Zu ihm gehört das Element Luft (Farbe Grün) mit dem Dhyāni-Buddha des Nordens Amoghasiddhi. – Auf der Spitze des Tschörten ist das Kopfjuwel zu erkennen. Es ist die Zone der geschlossenen Polaritäten. Aus einer Mondsichel erhebt sich die Sonnenscheibe, auf der wiederum ein flammender Tropf, die Nadaflamme, zu sehen ist, die Stufe der höchsten Erkenntnis. Ihr ist das Element Äther (Farbe Blau) und der Dhyāni-Buddha der Weltmitte Vairocana zugeordnet. Es zeigt sich hier, daß die Symbolfarben der Elemente nicht immer mit denen der Dhyāni-Buddhas übereinstimmen.

12 Ein Silber-Tschörten, in dem ein Klostergründer mumifiziert beigesetzt worden ist

13 Ein alter Tschörten, der an das Eingehen des Buddha ins Nirvāṇa erinnert

Mitunter begegnet man acht Tschörten, die in einer Reihe nebeneinander stehen und verschiedentlich auch alle, jeder für sich, eine ganz spezifische Bauform besitzen. Sie erinnern an acht Stationen im Leben des Buddha, von seiner Geburt über die Erleuchtung bis zu seinem Eingehen ins Parinirvāṇa.

Während die soeben behandelten Tschörten Massivbauwerke sind, kann man durch die Tor- und Kreuztor-Tschörten hindurchgehen. Sie stehen am Eingang eines Klosters, Schlosses, einer Burg oder eines Ortes. Ihre Decken sind durch vier Quadrate, die nach oben immer kleiner werden und so auf einander liegen, daß auf der Mitte der Längsseiten die Spitzen des nächst kleineren Quadrates zu ruhen kommen, gestaltet. Im Zentrum des höchsten Quadrates ist schließlich ein Maṇḍala zu sehen. – Es verbleibt hier noch anzufügen, daß es auch alte Tor- und Kreuztor-Tschörten gibt, in deren „heiliger Mitte" ein kleiner weiterer Tschörten umwandelt werden kann (Kloster Alchi, Ladakh).

14 Die gestufte Decke eines Kreuztor-Tschörtens mit einem Maṇḍala in der Spitze

Maṇi-Mauern

Die Tschörten sind das erste weithin sichtbare Zeichen eines sakralen Ortes, Klosters oder Tempels, und die Maṇi-Mauern geleiten einen zu ihnen hin. Sie bestehen aus einem Sandwall zwischen zwei aus Feldsteinen aufgeschichteten Mauern und haben mitunter eine Länge von über einem Kilometer. Auf diese Mauern legen die Gläubigen ihre Maṇi-Steine nieder. In sie sind Darstellungen der in den Gedanken, im Geist entstandenen Wesen, ihre Mantras oder deren Silben so in tibetischer oder in Lantsa-Schrift (tibetischer Name – in Indien Ranjana genannt) hineingehauen, daß die Schriftzeichen erhaben hervortreten. Doch was sind Mantras? Es sind heilige Silben, die Lama Govinda als ein „Werkzeug zum Denken, ein »Ding«, das ein Denkbild zuwege bringt", bezeichnet hat.[8] Zum anderen ist ein Mantra ein »Ding« oder »Werkzeug« mit dem sich ein Adept auf ein im Geist entstandenes Wesen geistig einstimmt. Durch das Hervorbringen eines Lautes oder das Aussprechen eines Wortes werden feine Schwingungen hervorgerufen, die auch durch das Rezitieren eines Mantras auftreten. Mit diesen nach innen

15 Eine Maṇi-Mauer, die zum Kloster führt

16 Maṇi-Steine mit dem Mantra OṂ MAṆI PADME HŪṂ in Lantsa (l.) und tibetischer Schrift (r.)

gesprochenen Lauten vermag aber auch ein Eingeweihter, ein Wissender, im Geist entstandene Wesen vor seinem inneren Auge zu visualisieren. Wir sehen hieraus, daß Mantras keine Gebete sind, und wir deshalb auch Maṇi-Steine nicht als Gebetssteine bezeichnen sollten, obwohl dies in der Literatur meist geschieht.

Auf den Maṇi-Steinen begegnen wir dem Mantra OṂ MAṆI PADME HŪṂ des Bodhisattva Avalokiteśvara weitaus am häufigsten. Was mag das bedeuten, da das Mantra nicht übersetzbar ist? Lama Khenpo Könchog Gyaltsen Rinpoche sagt zu den sechs Silben, daß sie die Kraft der Weisheiten aller Buddhas in sich vereinigen und angefüllt sind mit der Essenz der Energie allen Mitgefühls und aller Aktivität des „Höchsten All-Sehenden"*.[9] Lama Anagarika Govinda interpretiert den Sinn des Mantras mit folgenden Worten: „Daß das Juwel *(maṇi)* der göttlichen Wirklichkeit im Lotoskelch *(padma)* unseres eigenen Herzens verwirklicht werden muß".[20] – Und wenn wir wissen, daß man sich früher in Indien bei der Zufluchtnahme zum Buddhismus dem „Herrn der Welt, der mitleidvoll herabblickt", dem Bodhisattva der Barmherzigkeit Avalokiteśvara, zuwandte, der ja einer der zahlreichen Aspekte des Buddha ist, dann wird es uns verständlich, und wir erkennen den Wunsch der Menschen nach Geborgenheit und Erlösung. Ferner stellt das immer neue Rezitieren dieses Mantras eine stete Wiederholung, eine Erneuerung der eigenen einstigen Zuwendung zum Buddhismus dar.[5]

Das Mantra OṂ MAṆI PADME HŪṂ läßt je nach Erkenntnis noch weitere vielschichtige Deutungen zu. Deswegen wollen wir uns auch mit den einzelnen Silben befassen. OṂ, was genauso wie HŪṂ nicht übersetzbar ist, drückt im indischen Denken den Ursprung allen Seins aus sowie die Dreiheit von Sprache, Körper und Geist. – OṂ ist, wie Lama Anagarika Govinda sagt, ein Symbol eines göttlichen Universums, unendlicher Macht, grenzenlosen Raumes. Es kann aber auch das allgegenwärtige Licht bedeuten, anderen das universelle Gesetz und wiederum dem nächsten die allesdurchdringende Göttlichkeit, die allumfassende Liebe oder das unbegrenzte Wissen.[10] OṂ ist das Allheitserlebnis,[11] die Befreiung von der Ich-Illusion[12] oder der Weg der Allheit.[13]

* Ein Beiname von Avalokiteśvara.

MAṆI sollen die Juwelen sein, die Buddha in seiner Hand hält. Sie sind zu einem Kranz geordnet und symbolisieren den Weg zum Heil. Oder sie stellen nach Lama Govinda die Leuchtkraft des unsterblichen Geistes dar,[14] oder den Weg der Wesensgleichheit.[13]

PADME ist der Lotos (PADMA) unserer eigenen Herzen. Wobei der Lotos auch ein Symbol für die reine geistige Entfaltung der Lehre ist, wie auch für den Weg entfaltender Schauung.[15]

HŪṂ stellt dagegen das Universum in seinen höchsten und tiefsten Aspekten und in allen seinen Erscheinungsformen dar, den Herabstieg der Allheit in die Tiefe des Herzens.[16] – Es ist der Weg der integrierenden Einschmelzung.[17] – Die heilige Silbe HŪṂ symbolisiert, wie Blanche Christine Olschak schreibt, gesamthaft die fünf ursprünglichen kosmischen Weisheiten.[18] – Nach Lama Anagarika Govinda erfährt in HŪṂ der Meditierende seine Integrierung und Verwirklichung.[14] Er wird eins mit der angesprochenen „Gottheit", nämlich mit Avalokiteśvara.[19] Gedanklich kann man weitergehen, da alle im Geist entstandenen buddhistischen Wesen, so unterschiedlich sie auch aussehen und dargestellt werden, nur ein und dasselbe darstellen und ausdrücken, wird der Meditierende, der alle Stufen des OṂ MAṆI PADME HŪṂ durchlebt, eins mit Buddha, dem höchsten Prinzip – der Christ würde sagen mit Gott.

(OṂ MAṆI PADME HŪṂ)

Klöster (Allgemeines)

Der Klosterhof

Die Anlage der Klöster ist immer die gleiche, wenn es die Bodenverhältnisse erlauben. Die Eingänge der Tempel sind dann nach Osten ausgerichtet. Der Haupthof eines Klosters ist sein eigentlicher Mittelpunkt. Auf ihm finden alle Jahre die Tscham-Mysterienspiele statt, und von ihm sind die wichtigsten Tempel zu erreichen. Die Spiele finden je nach Lehrrichtung zur Wintersonnen- oder der tibetischen Jahreswende statt; zum Beispiel beim Übergang vom Jahr des Tigers zu dem des Hasen oder aber am Geburtstag von Padmasambhava. Der Hof ist von einem oder mehreren Laubengängen umgeben. In und auf ihnen haben die Musikanten und Zuschauer bei den Mysterienspielen ihre Plätze. Gegenüber dem Haupttempel befindet sich der erhöhte Sitz, von dem aus der Abt die Spiele leitet.

Auf der Mittelachse des Klosterhofes steht ein oder auch mehrere in Steinsockeln verankerte Masten *(tarchen)*. An ihnen sind lange, schmale „Gebetsfahnen“ befestigt, deren Ursprung in schamanischer Zeit liegt. Sie waren damals mit Gebeten an die Götter versehen, so daß man bei ihnen von „Götterfahnen“ sprechen kann.[89] Nunmehr bestehen sie aus Stoffstreifen unterschiedlicher Größe, die in allen Farben der fünf Buddha-Familien vorkommen und meist mit einem langen Text bedruckt sind, in deren Mitte und/oder in den vier Ecken mythologische Tiere und Symbole dargestellt werden. Häufig findet man hier das Windpferd Lungta mit dem Wunschjuwel *(cintāmaṇi)* auf dem Rücken, das Segen auf das Haus ziehen und die Bewohner vor Krankheit und Not schützen soll. In den vier Ecken sind vielfach der Garuḍa, ein Drache, ein Löwe und ein Tiger zu sehen, die Glück bringen sollen,[21] so daß man sie jetzt „Wunsch-, Hoffnungs- oder Glücksfahnen“ nennen kann.[89]

17 Ein Klosterhof, auf dem die Mysterienspiele stattfinden

In die Mauern der Tempelgebäude sind oft entweder unten Nischen eingelassen oder sie sind mit kleinen Anbauten versehen, in denen sich Maṇi-tschö-khors (Gesetzesräder) befinden. In ihnen ist eine schier unendliche Anzahl von Papierstreifen vorhanden, die mit einem Mantra, heiligen Silben, immer und immer wieder beschrieben oder bedruckt sind. Es ist das Mantra des Bodhisattva der Barmherzigkeit Avalokiteśvara OṂ MAṆI PADME HŪṂ, über das bereits gesprochen wurde. – Der Gläubige versetzt dem Gesetzesrad im Vorbeigehen mit der rechten Hand eine leichte rechtsdrehende, dem Lauf der Sonne entsprechende Bewegung und vollzieht damit symbolisch das Inbewegungsetzen des Rades der Lehre durch den Erleuchteten nach. Es genügt nicht, daß der Buddha diesen Akt einmal vollzogen hat, sondern er muß von seinen Anhängern immer wieder nachvollzogen werden, wie auch der Kosmos mit seinen die Sonne umkreisenden Planeten nicht zum Stillstand kommt. – Ebenso wird der Klosterhof umschritten, ein Gang durch den Tempel ausgeführt und ein Tschörten oder ein Heiligtum umwandelt. Stets weist dabei die bloße rechte Schulter eines Mönches zu der alles erleuchtenden Sonne, dem Zentrum psychischer Energie, zur heiligen Mitte, in der Buddha allgegenwärtig ist.[5]

Außer den manuell angetriebenen Maṇi-tschö-khors werden auch andere von fließenden Gewässern in Drehbewegung gehalten. Ein Buddhist, der auf diese Weise ein Maṇi-tschö-khor in Bewegung setzt oder hält, will nicht, wie Lama Anagarika Govinda sagt, die Götter überlisten oder betrügen, „indem er sie durch vorgetäuschte Gebete zu seinen Gunsten zu stimmen versucht; ebensowenig will er unter Vermeidung eigenen Bemühens der Verantwortung für seine Taten entfliehen. Gebete im buddhistischen Sinne sind nicht Bitten an eine außer uns stehende Macht zur Erlangung persönlicher Vorteile, sondern ein Aufrufen der in uns wohnenden Kräfte, und dieses kann nur erfolgreich sein, wenn wir frei sind von selbstischen Wünschen. Mit anderen Worten: Der Buddhist setzt seine Hoffnung nicht auf die Macht der Götter, die in einem jenseitigen Himmel thronen, sondern er glaubt an die Macht der rechten Absicht und Motive, die Reinheit des Herzens“.[22]

Die Veranda vor einem Tempel

Über dem Eingang zu dem Tempel *(lhakhang)*, in dem die Lehre *(dharma)* verkündet wird, der Dharmahalle, ist meist auf dem Dach des Tempelgebäudes ein großes vergoldetes Rad der Lehre *(dharmacakra)* zu sehen, das von zwei Gazellen flankiert wird. Diese Darstellung erinnert an die erste Lehrrede des Buddha, an das Inbewegungsetzen des Rades der Lehre im Hain von Isipatna, dem heutigen Sarnath, bei der auch die Tiere lauschten. – Die acht Speichen des Rades sind als ein Symbol für den Achtfachen Pfad der Tugend anzusehen, der alle Lebewesen aus dem Kreislauf von Geburt, Tod und Wiedergeburt, dem

18 Das Rad der Lehre, das von zwei Gazellen flankiert wird, über dem Eingang zu einer Dharmahalle

Saṃsāra, herausführt. Sollte das Rad mit zwölf Speichen dargestellt sein, so sind vier von ihnen als die vier Himmelsrichtungen anzusehen, in die die Lehre verbreitet wird.[2]

Jedem Tempel ist eine Veranda vorgelagert, deren Wände in abgewandelter Form fast immer die gleichen Wandbilder aufweisen. Insbesondere sind beiderseits der Eingangstür in den Tempel je zwei der Vier Welthüter, großen Könige oder Lokapālas (Skt.) zu sehen, auf die später noch einzugehen ist. Ihnen folgen Bilder belehrenden Charakters:

Das Rad der Existenzen

Es ist wohl die wichtigste Darstellung an diesem Ort. Warum ist es gerade hier zu sehen? Weil jeder Besucher, der den Tempel betritt, hier vorbeikommt, und da viele Gläubige nicht lesen können, werden ihnen hier anhand dieser bildlichen Darstellung die Wechselbeziehungen des Lebens erklärt. Jeder Mensch bestimmt nach buddhistischer Auffassung durch sein derzeitiges Tun die Qualität seiner nächsten Wiedergeburt selbst. Tut er in seinem Leben viel Gutes und sammelt „Maṇi“, so kann er mit einer für ihn positiven Wiedergeburt rechnen. Dieser Prozeß wiederholt sich, bis ein Lebewesen nach hunderten oder gar tausenden Leben und Wiedergeburten seine Erlösung, das Eingehen ins Nirvāṇa erlangt hat. Somit ist jeder Mensch sein eigener Richter.

Māra, der große Versucher, oder Yama, der Herr des Totenbereiches, hält das Rad der Existenzen (Lebensrad), der Scheinwelt, in der wir leben, und aus der er uns nicht herauskommen lassen will, in seinen Klauen[23]. – In der Radnabe, also im Mittelpunkt, sind die Drei Grundübel oder Wurzeln zu sehen, die den Menschen an den karmischen Kreislauf von Geburt, Tod und Wiedergeburt binden: Ein Hahn versinnbildlicht die Gier, das leidenschaftliche Verlangen und Verhaftetsein – eine Schlange verkörpert den lebensvergiftenden Haß, die Feindschaft, Abneigung, und ein Schwein steht für die Unwissenheit und den aus ihr entspringenden blinden Wahn der Ichsucht. Die drei Tiere sind ineinander verbissen und so angeordnet, daß sie wiederum einen Kreis bilden, denn Gier, Haß und Wahn bedingen sich gegenseitig und sind unlöslich miteinander verbunden. Sie sind nichts anderes als die extremen, willensbedingten Ausdrucksformen jenes Nichtwissens um die wahre Natur der Dinge. Der Kreislauf von Geburt, Tod und Wiedergeburt *(saṃsāra)* ist die Welt des ewigen Zwiespaltes, unversönlicher Gegensätze, einer aus dem Gleichgewicht geratenen Dualität, in der die Wesen von einem Extrem ins andere fallen: Den himmlischen Freuden stehen Zustände höllischer Qualen gegenüber – titanischer Macht und Kampfeslust der Verfolgungsnot und schließlich menschlicher Tatendrang und Schaffensstolz den daseinshungrigen aber nichts unternehmen könnenden Pretas (Hungergeister).[24] – Das Zentrum ist verschiedentlich von einem weißen und einem schwarzen halbrunden Bogen umgeben. Im hellen befinden sich Menschen, die niederen – zum Beispiel dem Höllenbereich – entronnen sind und höheren Ebenen zustreben, während andere im dunklen Halbbogen in die unteren Existenzen zurückfallen.

In den Feldern zwischen den Speichen des Rades sind die sechs Daseinsbereiche zu erkennen, wobei mitunter zwei von ihnen nur durch einen Baum getrennt sind. Im obigen Teil des Rades befindet sich die Welt der Götter oder des Stolzes. Hier bewirken Verblendung und Stolz einen Rückfall in niedrigere Daseinsbereiche. – Dann folgt die Welt der Titanen oder Halbgötter, das Reich des Neides. Es ist zu sehen, wie die Bewohner dieser Region mit den Göttern wegen der Früchte vom Baum des Wissens in Streit liegen. Die Götter ernten die Früchte, während die Titanen, Halb- oder „Gegengötter" ihn pflegen. Dadurch unterliegen sie dem Gift des Neides. – Zur Linken der Welt der Götter ist der Bereich der Menschen oder des Begehrens. Sie ist in Egoismus und Leidenschaft verstrickt, wodurch die Menschen in den Kreislauf von Geburt, Tod und Wiedergeburt eingebunden sind. Lama Sherab Gyaltsen Amipa führt hierzu ergänzend aus: „Die Reichen werden arm, oder sie leiden unter der Angst, ihr Reichtum könnte verloren gehen. Arme leiden am ständigen Kampf um ihre Existenz. Stolze werden erniedrigt, andere werden getrennt von denen, die sie lieben. Viele Menschen jagen Schätzen nach. Können sie dann ihre Wünsche nicht befriedigen, sind sie zutiefst enttäuscht. Sie vergeuden ihre Zeit mit viel Unwichtigem, um ihren Lebensstandard zu verbessern,"[25] vergessen aber, an ihre Befreiung und Erlösung zu denken. – Nun folgt die Welt der Tiere oder der Unwissenheit. Es herrschen hier geistige Stumpfheit und Nichtwissen. Ihr großes Leid ist die Unterdrückung durch andere Wesen, und schließlich fressen sie sich mitunter auch untereinander selber auf. – Auf der gegenüberliegenden Seite des Rades befindet sich der Daseinsbereich der Hungergeister und der Gier. Infolge ihres früheren Geizes und ihrer Gier erleiden die hier Verweilenden Hunger und Durst, da sie infolge ihrer engen Hälse nichts zu essen und zu trinken vermögen. – Schließlich ist unten in der Mitte des Rades der Höllenbereich oder der Ort des Hasses angeordnet, in dem alle hierher gelangten Wesen große Pein erdulden müssen. Einige der Torturen sind drastisch dargestellt. Jedoch sind sie keine „Strafen", die von einem allmächtigen Gott über sie verhängt werden, sondern es sind die unvermeidlichen Rückwirkungen ihrer eigenen früheren Taten. Der Herr des Totenbereiches Yama oder König des Gesetzes (Skt.: *Dharmarāja*) hält in seiner roten Erscheinungsform den Verstorbenen den Spiegel der Erkenntnis vor, in dem jeder seine eigenen Taten erkennt. Hierdurch wird ihr Gewissen erweckt und die Qualen der Wesen in ein reinigen-

des Feuer verwandelt, aus dem sie geläutert zu besseren Daseinsformen aufsteigen.[26] So ist der Höllenbereich ein Ort der Reinigung, ein Purgatorium.

Im äußeren Kreis des Rades, der Felge, werden die zwölf miteinander verbundenen Ursachen dargestellt, die uns an den Kreislauf der Wiedergeburten binden (oben beginnend und dann im Uhrzeigersinn fortfahrend): Unwissenheit, geistige Blindheit: Ein alter Mensch ist zu sehen, der sich nicht zurechtfinden kann und daher mit einem Stock durch die Gegend tappt. – Triebkräfte: Wie ein Töpfer seine Gefäße formt, so gestaltet jeder Mensch durch seine eigenen Taten und Tatabsichten sein Karma und bestimmt somit die Qualität seiner nächsten Wiedergeburt. – Bewußtsein: Wie ein Affe von einem Baum zum anderen springt, so springt das Bewußtsein des Unwissenden unkontrolliert von Objekt zu Objekt. – Name und Form: Es werden zwei Menschen in einem Boot oder auf einem Floß gezeigt. Die Szene symbolisiert, daß geistige und körperliche Kräfte sowie ein reines Bewußtsein im Lebensstrom miteinander verbunden sind. – Sechs Sinne (Sehen, Hören, Riechen, Schmecken, Fühlen und Denken): Sie werden durch ein Haus mit fünf Fenstern und einer Tür zum Ausdruck gebracht. – Kontakt, Berührung: Diese werden durch ein sich umarmendes Liebespaar veranschaulicht. – Empfindung und Gefühl: Von ihnen kann man wie von einem Pfeil ins Auge getroffen werden, so daß man blind wird. – Begierde, Lebensdurst: Durch Wahrnehmungen erwachsen Gier und Lebensdurst. Sie werden durch eine Frau, die einem Mann einen Trank reicht, dargestellt. – Ergreifen der Sinneswelt, Anhaftung: Immer stärker werdender Lebenshang schafft neue Taten und damit auch neue karmische Verstrickungen. Sie finden durch einen Menschen ihre Veranschaulichung, der Früchte von einem Baum pflückt. – Werden: Durch die zuvor behandelten Kausalglieder entsteht neues Leben, es wird versinnbildlicht durch ein Paar, das neues Leben zeugt. – Geburt: Eine gebärende Frau ist zu sehen. – Alter und Tod: Sie sind das Ende eines Lebens. Wir sehen eine Leiche, die fortgetragen wird. Ist jetzt kein Durchbrechen des Kausalnexus durch die Erlösung, das Eingehen ins Nirvāṇa möglich, dann erfolgt eine erneute Geburt.

Das Rad der Existenzen wird mit kleinen Varianten dargestellt. Einmal ist in jedem der sechs Felder mitunter auch der Bodhisattva der Barmherzigkeit in unterschiedlichen Hautfarben und jeweils anderen Emblemen als Buddha zu finden, wie er den dort Weilenden den Dharma, die Lehre, darlegt, den Weg zur Erlösung zeigt. – Dann ist gelegentlich der Daseinsbereich der Titanen mit dem der Menschen in der Anordnung getauscht, wie dann auch die Hungergeister ihren Platz mit den Tieren gewechselt haben.

Neben dem Kopf des Dämon, der das Rad der Existenzen in seinen Klauen hält, ist ferner meist Buddha Śākyamuni sowie Sonne und Mond zu sehen. Die Sonne stellt neben einem Symbol für die Erleuchtung, das aktive, männliche und der Mond das weibliche, passive Prinzip dar. Es werden hier also Gegensätze gezeigt, die miteinander verbunden sind, wie Tag und Nacht. Sie sind ein Zwillingssymbol. Es veranschaulicht die Erkenntnis der Einheit der relativen und der absoluten Wahrheit.[27] Es ist hieran zu erkennen, daß auch scheinbar nebensächlich hin gemalte „Kleinigkeiten“ einen tiefen Sinn besitzen.

Mit dem Rad der Existenzen finden wir auch die Vier Edlen Wahrheiten symbolisch dargestellt. Die Edle Wahrheit vom Leiden wird durch die sechs Daseinsbereiche im Rad der Existenzen veranschaulicht. – Die Edle Wahrheit von der Leidensentstehung finden wir in der Radnabe durch die drei Tiere versinnbildlicht. – Die Edle Wahrheit von der Leidenserlöschung geht aus dem tibetischen Text hervor, der in einem Kästchen* neben dem Rad zu erkennen ist sowie durch Avalokiteśvara, der ja einen Aspekt des Erleuchteten darstellt, der die Wesen in allen Daseinsbereichen unterweist. Und schließlich wird die Edle Wahrheit von dem zur Leidens-Erlöschung führenden Pfad (der Achtfache Pfad der Tugend und Selbstzucht) durch Buddha Śākyamuni verkörpert.[28]

Weg der Meditation und Beruhigung

Das Ziel des Buddhismus ist das Einswerden mit der großen Leerheit *(śūnyatā)*, der wahren Wirklichkeit. Das heißt: Keinen Augenblick sich selbst gleichen, die Leerheit von „mein“, „mir“ und „ich“.[2] Das kann nur durch Meditation erreicht werden. An ihrem Anfang steht die eigene äußere und innere Beruhigung. Diesem Thema ist in manchem Kloster vor einem Tempel ein Wandbild gewidmet. Ein Elefant (den Geist, die Sinne, symbolisierend) wird von einem Affen (die Zerstreutheit darstellend oder das ungeschulte Denken, welches das Bewußtsein beeinflußt und damit der Meditation hinderlich ist) aus dem Urozean der Unwissenheit kommend einen steilen Pfad (die große Ausdauer ausdrückend, die notwendig ist, um das Ziel zu erreichen) hinaufgeführt. Beide sind von schwarzem Aussehen (der Farbe der geistigen Trägheit, beziehungsweise der geistigen Erregung). Sie erhalten von Lehrern Unterweisungen. Die Feuer am Wegesrand, die immer kleiner werden, zeigen an, daß immer weniger Anstrengung notwendig ist, um die eigenen geistigen Kräfte und die Achtsamkeit zu aktivieren. Zunächst werden der Geist, die Sinne durch die Zerstreutheit, das unkontrollierte Denken, Fantasieren geleitet (der Affe führt den Elefanten), bis mit dem Fortschritt der Kraft des geschulten Nachdenkens das unkontrollierte Denken, die Zerstreutheit nachläßt und schließlich aufhört (der Affe wird immer kleiner, bis er dann ganz verschwindet). Die fortschreitende Reife wird durch ihre immer größer werdenden weißen Körperflächen zum Ausdruck gebracht. – Schließlich wird mit Hilfe der Meditation die vollkommene geistige Stille *(samādhi)* erlangt.[29]

---

* Der Text des Kästchen lautet: Beginne und wende dich ab. Trete ein in die Lehre des Buddha. Wie ein erboster Elefant eine Bambushütte zertrampelt, so zerstöre die Kraft des Herrn des Todes. Wer in dieser Weise achtsam in die Lehre mit ihrer Disziplin eintritt, wird den Kreislauf der Wiedergeburten verlassen und seinen Leiden ein Ende setzen.

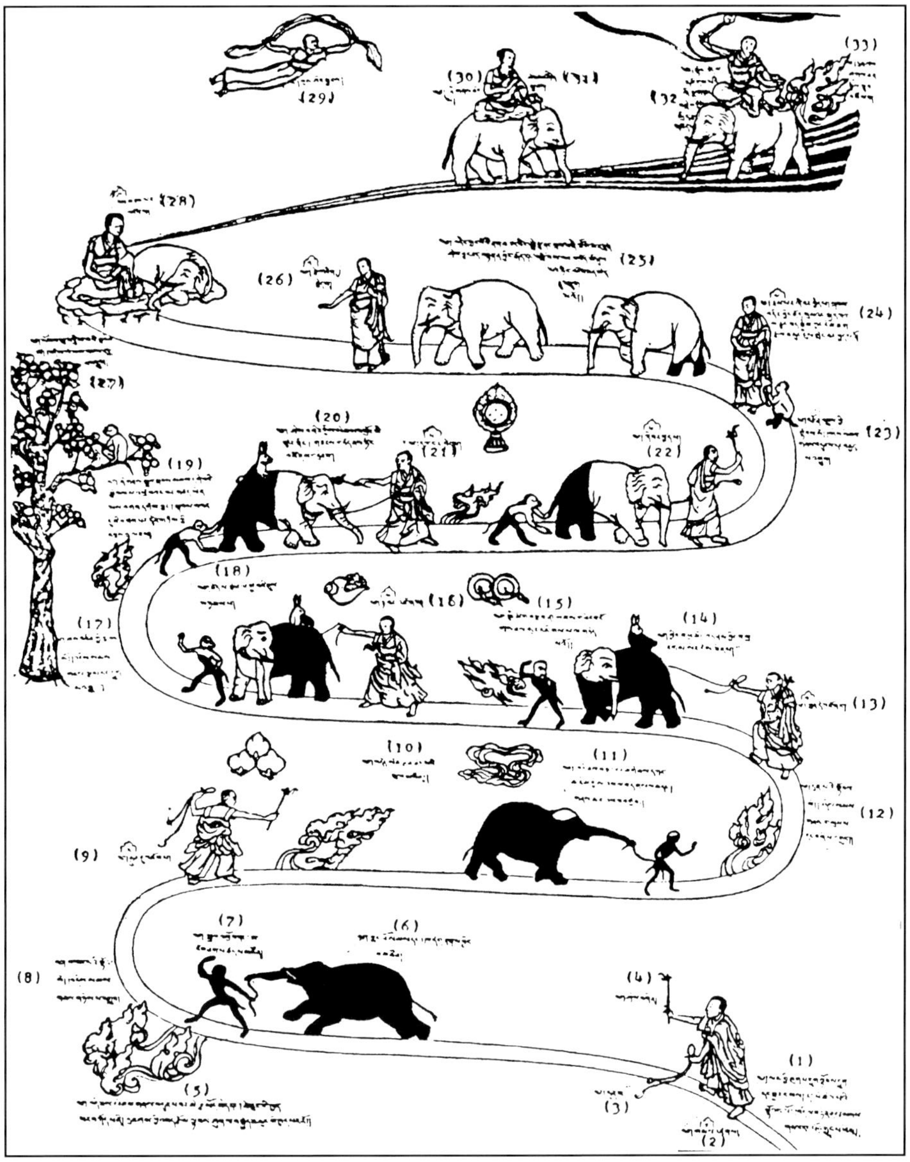

Zum weiteren Verstehen der Darstellung muß noch auf einige Details und ihre symbolische Bedeutung hingewiesen werden. Unten rechts ist ein Mönch, ein geistiger Lehrer, abgebildet, der ein Seil und einen Stab mit einem Klauenhaken, einen Elefantenstachel (aṅkuśa), in Händen hält, zu sehen. Das Seil symbolisiert die Vergegenwärtigung, die geistige Kraft der Erinnerung, daß das Meditationsobjekt in der Meditation nicht verloren geht;[1] es wird gleichsam „angebunden“. Der klammerartige Haken drückt dagegen die Kraft der Achtsamkeit, der Selbstprüfung, aus[152]. Dann finden wir im mittleren Teil des Bildes fünf Gegenstände dargestellt, die symbolisch zur geistigen Erregung führen: Ein seidener Schal steht für das Tasten – Früchte für das Schmecken – ein Schneckenhorn, das mit Duftstoffen gefüllt ist, für das Riechen – zwei Zimbeln für das Hören und schließlich veranschaulicht ein Spiegel (hier) das Sehen.[29]

Die Vier Einträchtigen

Diese Vorgeburtsgeschichte des Buddha Śākyamuni ist ebenfalls wiederholt – mit Abwandlungen – vor Tempeleingängen bildlich dargestellt. Sie ist in dem „Sutra von der wunscherfüllenden Ranke" enthalten.[30]

Nach unzähligen Zeitaltern mit fünfhundert unreinen und ebensovielen reinen Existenzen, in denen er als Bodhisattva zum Wohl der anderen gewirkt und Verdienste und Weisheit angesammelt hatte, sei Buddha damals der Vogel Gongseg gewesen. Als dieser habe er nach einem Wunschgebet den Samen eines Baumes in die Erde gelegt. Dann sei ein Hase gekommen und habe zum Wachsen des Baumes beigetragen, ihm habe sich ein Affe angeschlossen und schließlich habe ein Elefant ebenfalls das Wachsen des Baumes gefördert. Die Eintracht und das tugendhafte Verhalten der Tiere habe die Menschen sehr in Erstaunen versetzt, die ja nicht wußten, daß die Tiere heilige Wesen waren. Die Menschen dieses Landes hätten ihnen daraufhin nachgeeifert und hätten begonnen, ein tugendhaftes Leben zu führen. Sie töteten und stahlen nicht mehr, enthielten sich eines unkeuschen Lebenswandels und mieden Lügen und den Genuß von Alkohol, wodurch sie ganz natürlich die späteren buddhistischen Laienregeln eingehalten hätten und eine heilsame Wandlung bei Mensch und Tier eingetreten sei.

Es wird hier veranschaulicht, daß ein Bodhisattva seine Hilfe mit einem Wunschgebet beginnt, und daß er, gleich in welcher Existenz er sich befindet und in welche Situation er gerät, allen fühlenden Wesen dient und sie zu ihrer vollendeten Erleuchtung führen wird. Ferner stellt das Bild dar, daß die Erfüllung eines Wunschgebetes nicht sofort eintritt, sondern daß alles seine Zeit hat.[30]

Zu dieser Darstellung gibt es noch eine anderslautende Fabel. Sie besagt, daß ein Rebhuhn, ein Hase, ein Affe und ein Elefant in einem Walde gelebt hätten. Sie hätten Überlegungen angestellt, wem von ihnen sie die meiste Ehre schuldig seien. – Der Elefant schlug vor, daß man es am Stamme eines Pipalbaumes bestimmen möge. „Ich entsinne mich," so sagte er, „daß einst mein Körper gleichhoch mit diesem Baume war." – Der Affe entgegnete: „Und ich weiß noch, daß der Baum einmal meine Größe hatte." – Woraufhin der Hase erwiderte: „Ich habe früher, als er noch ein Schößling war, Tautropfen von ihm aufgeschleckt." – Da sagte das Rebhuhn: „Wenn ich nicht den Samen dieses Baumes von oben in die Erde geworfen hätte, dann würde es ihn jetzt überhaupt nicht geben." Hierdurch wurde es dem Elefanten bewußt, daß er der Jüngste von ihnen war. Auch die anderen Tiere erkannten ihr Alter zueinander und wem sie die größte Ehrerbietung schuldig seien.[31]

Eine weitere Variation dieses Motives ist noch zu finden. Es zeigt wiederum die Vier Einträchtigen in ihrer bekannten Pyramidendarstellung. Jedoch hat jetzt der Affe eine Frucht in einer Pfote. Es ist die Frucht der Erlösung. Der Elefant symbolisiert die Sinne, der Affe den Geist, das Denken. Der Hase ist schnell und drückt die geistige Willenskraft aus. Und die Taube endlich ist Sinnbild für die

Freiheit und das Nirvāṇa. Diese Darstellung besagt, daß die Frucht der Erlösung nur durch sie gemeinsam zu erlangen ist.[21]

Bei Betrachtung dieser dreimal anders interpretierten Darstellung, die im letzten Falle etwas abgewandelt ist, taucht die Frage nach dem Grund der Variationen auf. Sie ist einfach zu erklären. Wie jeder Mensch seinen eigenen Gedankenablauf hat, so ergeben sich bei der meditativen Betrachtung eines Themas auch die unterschiedlichsten Perspektiven. Hinzu kommt, daß ein junger Mensch vor seinem geistigen Auge ein Thema anders sieht und behandelt als ein reifer. – So verschieden die drei Auslegungen auch sind, ihr Thema ist jedoch das gleiche: „die Vier Einträchtigen".

Verhaltensregeln für die Mönche

Schließlich findet man in den meisten Klöstern auf einer ihrer Veranden diese Regeln abgebildet. Es ist anzunehmen, daß die belehrenden Wandbilder seit langer Zeit immer wieder dargestellt werden – zeigen sie doch den Novizen und Eleven Verhaltensregeln für ihre neue Lebensform. Es wird veranschaulicht, daß sich ein Mönch zur Meditation unter einem Baum niederlassen soll. Besteht aber für ihn Gefahr für Leib und Leben, zum Beispiel durch Hochwasser oder Schlangen, dann soll er sich auf einen Baum setzen. Ferner ist zu sehen, daß ein Mönch bei Wärme sein gelbes Obergewand ablegen darf und daß er, falls er bei der Meditation einschlafen sollte, durch eine Wasserspritze wieder geweckt wird. Ferner wird gezeigt, daß ein sakraler Ort gleich dem Kreislauf der Planeten um die Sonne rechtsherum gehend zu

19 Ein Verhaltenshinweis für die Mönche

umwandeln ist. – Des weiteren wird dargestellt, wie zu der Gruß- und Verehrungsgeste die Hände zusammengelegt werden und wie ein Mönch einen Laien um eine Gabe anspricht. Weitere Darstellungen geben über die Farben der einzelnen Mönchsgewänder, die Formen der im Kloster gebräuchlichen Gefäße und über anderes mehr Auskunft.

Die Tempel (Allgemeines)

Die meisten Tempel *(lhakhang)* haben im allgemeinen einen rechteckigen Grundriß, und ihr Mittelteil ist ein-, zwei- und selten auch dreigeschossig. Der Eingang zu den Sakralräumen ist, wenn es die Bodenverhältnisse und die Bauintention erlauben, auf einer seiner Schmalseiten und wird – gleich einem Maṇḍala – von Osten her betreten. Auf seiner Westseite befinden sich bei den unreformierten Lehrrichtungen oder Schulen ein oder mehrere größere Kultbilder und/oder kleine Bronzen auf einem Tisch. Aber es gibt auch Dukhangs, Versammlungsräume für die Mönche, die eine Riesenstatue besitzen, die größer ist, als der Tempel hoch, so daß man dort eine Laterne auf das Dach gesetzt hat, die den Kopf des Wesens vor dem Unbill der Witterung schützt. Bei der reformierten Lehrrichtung, den Gelugpas, befinden sich dagegen die Buddha-Skulpturen oder andere Kultbilder in einem schmalen, von der Westseite des Tempels abgeteilten Raum *(tsanghang)*, der wegen des allgemeinen Rechtsgehens und Umwandelns je einen Ein- und Ausgang besitzt. In der Mitte der Tempel befindet sich meist im Dach eine quadratische Öffnung, durch die sie ihr Licht erhalten. – Die Bänke mit den Sitzpolstern für die Mönche sind in der Regel so angeordnet, daß diese sich zum Mittelgang hin gegenübersitzen. Vor sich haben die Lamas eine Reihe niedriger Tischchen zum Ablegen ihrer Ritualgeräte, tantrischer Schriften sowie ihrer aus Wurzelholz gefertigten Trinkschalen für den Buttertee, der während der langedauernden Zeremonien in den Pausen der Liturgie getrunken wird. Im westlichen Teil des Lhakhangs steht der erhöhte Sitz oder Thron des Abtes und mitunter ein weiterer, höherer für das Ordensoberhaupt der betreffenden Schule oder Lehrrichtung. Er ist zum Beispiel bei den Dukpa Kagyüpas für den Druckchen Rinpoche und bei den Gelugpas für den Dalai Lama. In diesen Fällen wird

20 Ein Tempel *(lhakhang)*

der Lhakhang auch Tschokhang genannt. Mitunter taucht auch die Tempelbezeichnung Dharmahalle auf. Sie besagt, daß es sich um einen Lhakhang handelt, in dem die Lehre (*dharma* = Lehre, das Gesetz, die ewige Wahrheit, die kosmische Ordnung) verkündet wird.

Allen Tempeln ist gemein, daß ihre Holzpfeiler und die Balken, die die Decken tragen, sowie die Gestelle für die Sitzpolster der Mönche rot angestrichen sind, wie auch deren gemusterte Sitzpolster den gleichen Grundton haben. Beim Erlösungsweg des Mahāyāna drückt Rot das große Mitgefühl aus, das auch als „Anhaftung" bezeichnet wird.[151D] Von der roten Innenausstattung der Tempel läßt sich noch eine weitere symbolische Bedeutung ableiten. Rot bedeutet ferner Blut und Liebe, im übertragenen Sinne aber auch Asketentum (Skt.: *virakti*) und Disziplin.[2] So ist der Tempel ein Ort der Liebe zur Lehre und zu allen Lebewesen sowie der Disziplin und des asketischen Lebens. Außerdem hat die rote Farbe auch eine esoterische Bedeutung, auf die an späterer Stelle noch eingegangen werden muß.

In den Klöstern gibt es in der Regel eine Reihe von Tempel, wobei es auch vorkommt, daß an einem sakralen Ort gleich mehrere Lhakhangs ein und demselben Aspekt des Erleuchteten geweiht sind, wie wir es bei Maitreya oder Dschampa (tib.), dem Großen Liebenden, dem Buddha des künftigen Weltzeitalters haben, der einmal kommen und den dann Lebenden den Dharma darlegen wird. Die Frage nach dem Grund hierfür ist leicht zu beantworten. Maitreya ist ein „Symbol der geistigen Zukunft und der Wiedergeburt der ewigen Wahrheit *(dharma)*, die in jedem Erleuchteten verkörpert ist und in jedem Menschenherzen wiederentdeckt werden muß" … Es genügt nicht, sich im Glanz der Vergangenheit zu sonnen, sondern jeder muß sich aktiv an der Gestaltung der Zukunft beteiligen und auch selbst etwas zu seiner eigenen geistigen Vollendung tun und insbesondere das Erscheinen des künftigen Buddha vorbereiten.[32]

Außer den gerade behandelten Tempeln der friedvollen Aspekte des Buddha gibt es auch Lhakhangs für die machtvollen[121D] Erscheinungsformen. Das sind die Schutzgottheitentempel oder auch Gonkhangs (tibetisch). Sie liegen in der Regel in höheren Gebäudeteilen eines Klosters, einer Burg, eines Schlosses oder in einem eigenen kleineren Gebäude auf einer höheren Bodenerhebung. Sie sind an ihrem roten Außenanstrich zu erkennen. Diese Farbtönung ist jedoch kein richtiges Rot. Sie erinnert vielmehr an verrostetes Eisen oder geronnenes Blut. Der Grund hierfür ist einfach, den Handwerkern, die die Gebäude tünchen, steht wie in alten Zeiten kein „richtiges" Rot zur Verfügung, wie es die Künstler besitzen, die die Tempel von innen ausmalen. Deshalb wurde und wird auch heute noch für diese Anstriche das häufig in Indien vorkommende Krapprot verwandt. Es ist ein Farbstoff, der aus den Wurzeln der Pflanzen gleichen Namens gewonnen wird. Der rote Innenanstrich dieser Tempel steht im Zusammenhang mit den beherrschenden Handlungen, die im „Roten Tempel" stattfinden.

In den Gonkhangs ist insbesondere Mahākāla, die machtvolle Emanation des Avalokiteśvara, mit zahlreichen seiner Erscheinungsformen zu sehen. Bei den Gelugpas findet man Yama sowie auch seinen Besieger Yamāntaka und zum Beispiel bei der unreformierten Lehrrichtung der Digung-Kagyüpa-Schule Apchi, eine Erscheinungsform der Tārā (tib.: *Dölma*) und Beschützerin des Dharma. – Die Gesichter der machtvollen, im Geist entstandenen Wesen sind so furchterregend, daß die der Skulpturen mit Seidentüchern verhängt sind. Sie werden nur anläßlich von Zeremonien ein- oder zweimal im Monat entfernt, während das in anderen Klöstern nur an ein oder zwei Tagen im Jahr geschehen soll. – Mitunter findet man in den Gonkhangs auch alte ausdrucksvolle Masken, die zu den Tscham-Mysterien getragen werden oder wurden. Dann darf nicht unerwähnt bleiben, daß bei den unreformierten Schulen oder Lehrrichtungen in diesen Tempeln auch das Gehörn von Steinböcken oder Widderköpfen, ja auch aufgehängte tote Vögel anzutreffen sind. Es sind ganz offensichtlich alte, aus früherer schamanischer Zeit übernommene Lebensformen, auf die schon eingangs hingewiesen wurde.

Symbolik

In der tibetischen Form des Buddhismus ist die Symbolik außerordentlich umfangreich und vielschichtig. Selbst die kleinsten Bildkompositionen enthalten eine Vielzahl von symbolischen Elementen. Sie bestehen meist in der Darstellung von Gegenständen oder Pflanzen und Gestalten in unterschiedlichen Farben, Körper-, Arm-, Hand- und Fingerhaltungen sowie in Bewegungen, zum Beispiel Verneigen und Niederwerfen vor einer höheren Wesenheit, dem höchsten Prinzip. – Verstandesgemäß läßt sich die Symbolik zwar analysieren und unter Umständen auch wissenschaftlich bezeichnen, aber sie bleibt dabei dennoch tot. Man muß klar erkennen, was die Symbole ausdrücken, ihren Sinn erfassen, den Hintergrund erarbeiten und darüber meditieren. Erst dann beginnen sie in einem selbst zu leben, werden einem zu eigen und vermögen ein Leben zu formen und gegebenenfalls auch zu verändern.

Bei den Symbolkreisen handelt es sich meist um Opfergaben, deren Sinn der Darbringung nur schwer zu vermitteln und zu erfassen ist. Deswegen kann hier nur angedeutet werden, was die einzelnen Opferdarbringungen bedeuten. Es geht um die Reinigung des Geistes von den fünf Giften: Haß, Antipathie oder Abneigung – Unwissenheit (Nichtwissen, das den Wahn, den Ich-Wahn, verursacht) – Geiz – Anhaftung (Gier, die auch zu dem „Festhaltenwollen" führt) und Neid. – Mit dem Darbringen von Opfergaben ist auch im doppelten Sinne das Erzielen von Nutzen verbunden; einmal der Wunsch, allen Lebewesen auf die bestmögliche Art und Weise zu helfen und zum anderen, selber die Buddhaschaft zu erlangen.[42D] Den folgenden Ausführungen liegen in starkem Maße die Aufzeichnungen von Lama Loden Sherap Dagyab Rinpoche aus seinem Buch „Buddhistische Glückssymbole"* zugrunde, die zum Teil auch mit freundlicher Genehmigung des Autors wörtlich übernommen wurden. Die Stellen sind unabhängig von den Quellenhinweisnummern auch durch ein „D" gekennzeichnet. Wer seine Kenntnisse über die Symbolzeichen vertiefen möchte, dem sei das soeben erwähnte Buch anempfohlen.

Symbolkreise

Die Acht Glückssymbole

Diesem Symbolkreis begegnet man wohl am häufigsten im tibetischen Raum. Seine acht Zeichen werden in ihrer Gesamtheit, einzeln sowie auch mit denen aus

---

* siehe Literaturverzeichnis im Anhang.

anderen Kreisen vermischt dargestellt. Abbildungen aus alten Zeiten wirken mitunter etwas ungelenk, wie das auch in der frühchristlichen Kunst zu finden ist. Der Betrachter sollte sich bewußt werden, daß es bei der Schaffung derartiger Bilder nicht auf die Erzielung ästhetischer Wirkung ankommt, und er sollte daran denken, daß sie voll Hingabe und mit reinem Herzen, also in heilsamem Tun, geschaffen wurden.

Der Schirm ist in vielen Kulturen als Statussymol zu finden, wie zum Beispiel in Afrika. Zunächst mag er ein Schutz vor den Unbilden der Witterung gewesen sein, und da er vielfach auch kostbar gearbeitet war, wurde er zu einem Zeichen

königlicher Macht und Würde, zu einem Ehrenschirm, der auch vor Befleckungen durch die Drei geistigen Gifte schützt.[133D] – Die beiden Fische sollen dem Ozean des Lebens und damit dem Kreislauf von Geburt, Tod und Wiedergeburt entronnen sein und nun den Gläubigen helfen, dies ebenfalls zu erreichen. – Die Schatzvase, die in zwei etwas voneinander abweichenden Formen an dieser Stelle zu finden ist, kann deshalb unterschiedlich interpretiert werden. Einmal ist sie eine Vase *(kalaśa)* mit einem engen Hals, die Juwelen, also geistige Schätze, enthält und uns mahnt, sie zu erwerben. Dann kann sie aber auch das Wasser des langen Lebens oder der Totlosigkeit *(amṛta)* enthalten. In diesem Falle ragen dann meist drei Pfauenfedern aus ihr heraus. Sie ist ein Gefäß, das niemals leer wird.[154D] – Die Lotosblüte: Die Wurzeln der Pflanze ziehen ihre Nährstoffe aus einem moorigen Untergrund *(saṃsāra)*, aber die Blüte erhebt sich über das trübe Gewässer (Unwissenheit) und öffnet sich in voller Reinheit, unbefleckt von ihrem Ursprung. So ist der Lotos zum Inbegriff für die reine geistige[33D] Entfaltung und der Lehre geworden.[5] – Das sich rechtsspiralig drehende weiße Schneckenhorn diente bereits in vorbuddhistischer Zeit hinduistischen Göttern als Sinnbild für die Weiblichkeit.[33D] Im Buddhismus wurde es zu einem Symbol für den Dharma, das mit seinem Klang den Ruhm der Lehre in alle Himmelsrichtungen verbreitet.[155D] – Der endlose Knoten ist ohne Anfang und Ende, wie der ewige Kreislauf von Geburt, Tod und Wiedergeburt *(saṃsāra)*. Er ist ein Zeichen für das unendliche Leben bar jeder Anhaftung sowie für große Einfachheit und vollkommene ausgewogene Harmonie und versinnbildlicht die Unendlichkeit der

Erkenntnis des Buddha.[34D] – Das Siegeszeichen oder auch Banner besitzt ein bis drei Volants, und seine Spitze drückt den Sieg der Lehre über alle Hindernisse aus.[39D] – Als letztes Symbolzeichen gehört das Rad der Lehre, das der Buddha mit seiner ersten Lehrrede in Bewegung gesetzt hat, zu diesem Kreis. Es ist zu einem Sinnbild für die buddhistische Lehre geworden. Eine seiner weiteren symbolischen Bedeutungen bezieht sich auf die Drei Übungen der buddistischen Praxis. Die Nabe des Rades steht für die Übung der ethischen Disziplin, durch die der Geist geschützt und stabilisiert wird.[35D] Die Speichen drücken aus, daß durch Weisheit die Leerheit erfahren und durch sie die Unwissenheit zerstört, vernichtet wird. Und die Lauffläche, die Felge, veranschaulicht die Übung der Konzentration, durch die die Praxis zusammengehalten wird.[35D] – Verschiedene der verkörperten gedachten Aspekte des Buddha werden mit dem Rad der Lehre als Emblem dargestellt, wie zum Beispiel der vierköpfige Sarvavid-Vairocana. Ferner ist mitunter bei Mañjuśrī-Yamāntaka, eine der zorn- und machtvollen Erscheinungsformen des Bodhisattva der Weisheit, das Rad der Lehre als Waffenrad[36D] ausgeformt zu sehen. Hier zeigt sich, daß auch ein Sonnensymbol als

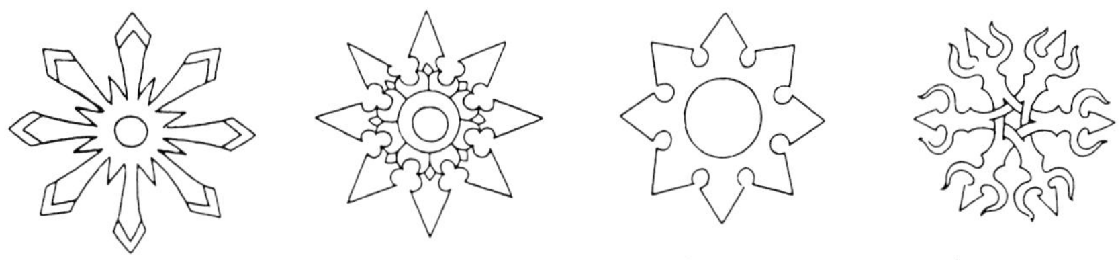

1 2 3 4

1) Schwertrad, 2–4) Zornvolle Waffenräder mit acht und achtzehn Spitzen

Waffenrad (zum Schutz) Eingang in den Buddhismus gefunden hat und „zu den meditativen Vorstellungen bestimmter tantrischer Rituale gehört."[35D] Daraus ist zu erkennen, daß es im Buddhismus verschiedene Erklärungen oder Interpretationen zu einem Gegenstand oder Symbol geben kann. Jedoch hat das Rad innerhalb der Acht Glückssymbole eine rein religiöse Bedeutung.[35D]

Die Acht Glückssymbole werden zum Beispiel bei der Inthronisation einer Persönlichkeit geistigen oder weltlichen hohen Ranges durch Textrezitationen als Opfergaben dargebracht. – Erhält ein Schüler in einer tantrischen Einweihung von seinem Guru die Ermächtigung den Dharma zu lehren, so werden sie ihm anschließend von seinem eigenen Lehrer als Opfergaben dargebracht.[37D]

Für eine Rezitation mag die folgende von Lama Loden Sherap Dagyab Rinpoche ins Deutsche übertragene Textstelle über das Siegeszeichen oder Siegesbanner stehen, dem sich eine gekürzte und sinngemäße Wiedergabe einer Erläuterung von ihm anschließt.

„Der vortreffliche Körper des Siegers wird zum Gegenstand des völligen Sieges nach allen Seiten. Seine kostbare Spitze befreit völlig von den Existenzen. Die

vielfachen Seidenfalten symbolisieren das Nicht-Verweilen im Frieden [von Nirvāṇa]. Möge durch das Glücks-Siegeszeichen Segen ausstrahlen.“

Dabei tauchen zu den einzelnen Begriffen und Wendungen beispielsweise folgende Assoziationen auf:[38D]

Unter »Sieg« wird das Überwinden aller Illusionen und geistiger Hindernisse (Schleier) verstanden. Folglich ist ein Buddha ein »Sieger«, der diesen Zustand in jeder Beziehung »völlig«, endgültig und ohne Einschränkung (nach allen Seiten) verwirklicht hat. Der höchste Punkt (die kostbare Spitze) des Siegesbanners symbolisiert das höchste Ziel, die Buddhaschaft zu erlangen, was die Befreiung von dem Kreislauf von Geburt, Tod und Wiedergeburt *(saṃsāra)* bedeutet. Die vielen Seidenfalten drücken die mannigfaltigen Aktivitäten eines Buddha aus…[39D]

Die Acht glückbringenden Dinge

Dieser Symbolkreis, wie auch die zuvor behandelten Acht Glückssymbole, werden bereits in frühen kanonischen Texten erwähnt. Ferner sind sie in vielen tibetischen Schriften aufgeführt, wie zum Beispiel im Verzeichnis der Begriffe vom Korb des Tantra-Wissen.[40D] – Bei den Acht glückbringenden Dingen handelt es sich um Opfergaben, deren Bedeutung Uneingeweihten sowie auch weniger weit Fortgeschrittenen nur sehr schwer verständlich gemacht werden kann. Zu ihrem Verstehen ist ein sehr großes Grundwissen erforderlich sowie anspruchsvolle und

tiefgründige Erläuterungen,[40D] die den Rahmen dieses Buches weit übersteigen. Deswegen können hier nur Erklärungen gegeben werden, die allgemeinverständlich sind.

Der Spiegel ist klar, glänzend und reflektiert unterschiedslos alle Erscheinungen, wie sie auch sein mögen. So ist alles, was er reflektiert »klar« und »erfassend«.[41D] Denkt man über ihn nach, dann wird einem bewußt, daß der Spiegel in mehreren Beziehungen Nutzen bietet, eine Erkenntnis von hohem symbolischem Wert. Nutzen bieten ist auf mehreren Ebenen möglich, z. B. materiell und geistig, und zum anderen für einen selber sowie für andere. „Der Wunsch, Buddhaschaft zu erlangen, also den eigenen Nutzen zu verfolgen; zum anderen der Wunsch, allen Lebewesen auf die bestmögliche Art und Weise helfen zu können, also den Nutzen der anderen zu suchen.“[42D] – Wird der Spiegel als Opfergabe dargebracht, „so wird durch diese Handlung ein Eindruck im subtilen Bewußtsein abgespeichert, … das heißt, die Buddhaschaft realisiert.“[43D]

Die Medizin: Aus Gallensteinen, die bei Ochsen, Kühen, Yaks und Dris* vorkommen, wird eine Substanz gewonnen, aus der im asiatischen Kulturraum ein bekanntes Heilmittel gegen Würmer hergestellt wird. Es ist ferner ein verbreitetes Beruhigungs- und Stärkungsmittel, das zum Wohlbefinden beiträgt. Deshalb gilt diese Substanz auch als Heilmittel gegen die Drei Gifte: Anhaftung** – Haß und Verblendung oder Wahn.[44D] Es mag zunächst verwunderlich erscheinen, daß eine Medizin, die zur Beseitigung körperlicher Leiden dient, auch zur Entgiftung geistiger Verunreinigungen verwendet wird. Doch wenn man sich bewußt wird, daß die Tibeter ihre Symbole benutzen, um die Wechselbeziehung zwischen Innen und Außen, zwischen geistigen Aktivitäten und materiellen Erscheinungsformen zu veranschaulichen, sie zu verdeutlichen,[45D] dann wird es verständlich. – Die geistige „Entgiftung“ tritt ein, wenn die Substanz mit einer entsprechenden Motivation als Opfergabe dargebracht wird.[46D]

Der Joghurt: Das Milchprodukt spielt in Indien in der Ernährung eine wichtige Rolle. Aufgrund seiner Beschaffenheit, seiner weißen Farbe (Assoziationen: Reinheit, Frieden) und der Art seiner Herstellung, eignet sich der Joghurt als symbolische Opfergabe. Er ist ein Zeichen für die Beseitigung von negativen Handlungen und Befleckungen *(kleśas)*.[46D]

Das Dūrvā-Gras: Diesem in Indien und Tibet vorkommenden Gras wird eine außergewöhnlich hohe Überlebensfähigkeit zugeschrieben. Es heißt, daß jeder der vielen Knoten am Stengel der Pflanze die Kraft besitzt, auch wenn das Gras geschnitten und getrocknet wurde, zu keimen, wenn sie mit Wasser in Berührung kommen. „Deshalb ist das Dūrvā-Gras zum Symbol des langen Lebens bzw. des Wunsches nach Lebensverlängerung geworden… Die Dūrvā-Substanz bewirkt [symbolisch] das Ende“ des Kreislaufs von Geburt, Tod und Wiedergeburt *(saṃsāra)*.[47D] Hier könnte man meinen, daß ein Widerspruch vorliegt, was jedoch nicht zutrifft. Um die Kausalkette von Geburt, Tod und Wiedergeburt *(saṃsāra)* zu durchbrechen, braucht jedes Lebewesen Erkenntnis und Reife, die erst durch oder am Ende eines langen Lebens zu erlangen sind.[47D] Das wird vielfach. durch einen weisen alten Mann veranschaulicht, eine Darstellung, die aus China ihren Eingang in den tibetischen Kulturraum gefunden haben dürfte.

Die Bilva-Frucht ist in Indien seit alten Zeiten sehr beliebt, woran sich bis heute nichts geändert hat. „Bilva *(bil-ba)* ist eine Substanz zur Vermehrung der

---

* Ein Dri ist ein weiblicher Yak.

** Anhaftung ist die Folge von Gier, das Festhalten-Wollen.

Verdienste."[48D] – Es ist sehr schwer, ja unumöglich, hier fortzufahren und die Vorgänge und Zusammenhänge verständlich zu erklären. Sie betreffen genauso das Weltliche, wie auch die Esoterik und die Metaphysik.[48D] – Die Bilva-Frucht wird geopfert, „damit alle Anschauungen und Handlungen bis zur höchsten Essenz der Erleuchtung gereinigt werden."[48D]

Das rechtsläufige Schneckenhorn kommt auch in diesem Symbolkreis vor. Es drückt den Wunsch aus, daß sich die Lehre des Buddha wie der Klang der Schneckenhorntrompete ungehindert in alle Richtungen ausbreiten möge. Es ist ein Zeichen dafür, daß durch sie alles, was nicht dem Dharma entspricht, neben seinem Glanz verblaßt. Der »wohlklingende Dharma-Laut« versinnbildlicht die mündliche Weitergabe der Lehre. Im Hinblick darauf wird das Schneckenhorn als ein Sinnbild für die Vermehrung der Qualität des Dharma-Reichtums bezeichnet. [49D]

Der Zinnober ist eine Naturfarbe, die gern für rituelle Zwecke verwendet wird. Wegen seines kräftigen Rots sieht man ihn als Symbol der Macht an, und er steht für die Verwirklichung der Machtaktivitäten. Deshalb wird die Substanz auch entsprechend als Malfarbe benutzt und als Opfergabe dargebracht, um das Königreich des Dharma und das Reich des Wissens zu festigen.[50D]

Die Senfkörner: Es ist bekannt, daß jeder schwierigen Aufgabe, die unternommen wird, Hindernisse im Wege stehen. Das gilt genauso für das Beschreiten des Weges, der zur Erlösung, zur Buddhaschaft führt. Das größte Hindernis ist dabei die Unwissenheit, das ungereinigte Bewußtsein sowie die Störungen, die sich auf dem Weg dorthin ergeben. Sie werden alle symbolhaft „Hindernisdämonen" (den Schwierigkeiten in unserem eigenen Bewußtsein), zugeschrieben.[52D] Zu ihrer Vertreibung werden Senfkörner verbrannt, nachdem sie vorher durch bestimmte Mantras und meditative Vorstellungen gesegnet wurden.[51D] Senfkörner sind ein Objekt zur Verwirklichung von Aktivitäten des Zorns. »Zorn« stellt im Sinne der Buddha-Aktivitäten jedoch kein aggressives Verhalten im konventionellen Sinne dar, sondern eine besonders machtvolle Ausdrucksform geistiger Kräfte.[52D] Doch warum werden zu diesem Zweck Senfkörner verwandt? Senf ist neben einem scharfen Gewürz auch ein bekanntes Reiz- und Heilmittel, mit dem die Durchblutung von Körperstellen oder Gliedern gesteigert und dadurch Heilungen herbeigeführt werden können. Also wird hier wiederum ein Mittel, das zur Heilung körperlicher Leiden dient, auch zur geistigen Gesundung verwandt.[156D] Zur Vertreibung und Zerstörung der Hindernisdämonen *(geg)* wird auch in einem Ritual mit einer Keule *(gensing)** gegen einen längeren Stab *(gentri)* geschlagen.[89] – Während die Acht Glückssymbole im vorigen Kapitel nur im Rahmen von Textrezitationen dargebracht werden, werden die Opferhandlungen mit den Acht glückbringenden Dingen außer den Rezitationen auch mit Ansprachen und der faktischen Darbringung der jeweiligen Opfergabe verbunden.[53D]

---

* Zu sehen auf Seite 76, Abb. 42 in der linken mittleren Hand des Mañjuśrī-Yamāntaka.

Die Sieben Kostbarkeiten der Königsherrschaft oder die Sieben königlichen Besitztümer

Dieser Symbolkreis umfaßt die Ausstattung eines Weltenherrschers (Cakravartin) und wird bereits in frühen kanonischen Texten erwähnt. – Ein Cakravartin ist der, der das Rad dreht oder in Bewegung hält, der aber auch herrscht und regiert. Er ist also ein König oder Herrscher mit dem Rad, was auch an seinem Namen (*cakra* = Rad) zu erkennen ist. – Sieben Menschen, Tiere und Gegenstände bilden diese Gruppe und legen von seiner Macht und seinem Reichtum Zeugnis ab.[54D]

Das kostbare Rad, das universelle Gesetz, ist ein altes Sonnensymbol und drückt gleichzeitig auch die Strahlkraft der Lehre aus, mit der ein tugendhafter Fürst seine Herrschaft über die ganze Welt auszudehnen vermag. – Es hat zahlreiche Eigenschaften: Es ist aus Gold und besitzt tausend Speichen, es ist schön wie eine zweite Sonne und rollt ungehindert an einem Tag hunderttausend Patsä* am Himmel entlang. Durch seine Kraft kann der Weltenherrscher mit vier Abteilungen seines Heeres, Elefanten, Reitern, Pferdewagen und Fußvolk am Himmel entlangziehen. Mit Hilfe des Rades vermag der Cakravartin aber auch das Unhörbare zu hören; und andere Könige und Minister unterwerfen sich ihm als Dhar-

mafreund, sobald sie ihn erblicken, da er den Dharma, die Lehre des Buddha, besitzt.[55D]

Das kostbare Juwel ist der vorzüglichste aller Edelsteine, der für die Wahrheit steht. – Er leuchtet in der Nacht, und wenn man während des Tages unter der Hitze leidet, kommt helles Licht aus ihm heraus, das alle Hitze beseitigt. Wenn jemand unterwegs ohne Wasser ist und an Durst leidet, entsteht ein acht Vorzüge besitzender großer Fluß, durch den jeglicher Durst beseitigt wird. Woran auch immer Cakravartin denkt, das entsteht aus diesem Juwel.[56D] Mit seiner Hilfe kann er „alles sehen und bekommen. Gleichermaßen kann Buddha alles erkennen, sowohl die konventionelle wie auch die absolute Realität mit all ihren Zusammenhängen. Nur Buddha könne, so heißt es, aufgrund seiner vollkommenen

* Ein Längenmaß, ein Patsä ist etwa gleich einer Meile.

Erfahrung und geistigen Fähigkeiten die einzelnen Verbindungen von Ursache und Wirkung im karmischen Geflecht erkennen.“[57D]

Die kostbare Königin ist die Verkörperung der Liebe, des Mitleids und der Tugend. Sie stellt, wie Lama L.S. Dagyab Rinpoche schreibt, aber auch den ergänzenden weiblichen Gegenpol des Cakravartin dar, ohne den er nicht vorstellbar ist. Eine »männliche« und eine »weibliche« Figur sind lediglich zwei Aspekte des Bewußtseins einer Person oder einer „Gottheit“. Sie sind ein wesentlicher Bestandteil der tantrischen Überlieferung.[58D] – Die Königin entsagt den fünf Fehlern einer Frau (an andere Männer zu denken, Geiz, Anhaftung an Unpassendes, Vorliebe für unpassende Objekte zu hegen und ihren Mann zu töten). Sie besitzt fünf Qualitäten (sie paßt ihre Gedanken an, wird viele Söhne gebären, hat ein harmonisches Wesen, erhöht das Reich und wird nicht eifersüchtig, wenn ihr Mann an andere Frauen denkt).[59D]

Der kostbare Minister oder der beste aller Berater ist die Verkörperung der tätigen Weisheit und Gerechtigkeit. – Besitzt „die Fähigkeit des Cakravartin, seine Gedanken und Wünsche ungehindert und ohne Verzögerung in die Realität umzusetzen“ … Alles „was auch immer der König an verschiedenen Aktivitäten in seinen Gedanken trägt, selbst wenn er noch keine Anweisungen gegeben hat, erkennt sie der Minister in seinem Geist und führt sie aus … vermeidet alles, was nicht dem Dharma entspricht, führt das Rechte aus, am rechten Ort, zur rechten Zeit, ohne Komplikationen, ohne jemand zu schaden und ohne einen Menschen zu stören.“ – Gleich wie der Minister die Absichten des Königs erkennt und auch über den Sinn nachdenkt, so schneidet Buddha, der Erhabene *(Bhagavān)*, durch seine Weisheit die Bindungen der Māra [Versucher, Skt.: Mörder, Zerstörer] ab.[60D]

Der kostbare Elefant versinnbildlicht die Macht und Stärke des Cakravartin, die mit Güte, Klugheit und Selbstbeherrschung gepaart ist… Er ist klug und sehr gehorsam. Von Natur aus besitzt er die Kraft von tausend Elefanten und besiegt alle gegnerischen Heere. Er ist von schönem Aussehen und weißer Farbe wie Schnee und Silber. Er kämpft in drei Bereichen: im Wasser, auf dem festen Land und im Raum. Wenn der Weltenherrscher den klugen Elefanten reitet, dann folgt dieser direkt seinem Geist, wohin auch sein Herr seine Gedanken richtet. – Gleich dem Cakravartin steht der Elefant als Symbol für die unbegrenzten Fähigkeiten und Kräfte des Buddha: übernatürliche Anstrengung sowie übernatürliches Denken und Ergründen.[61D]

Das kostbare Pferd ist weiß wie eine Gans und geschmückt mit dem schönfarbigen Götter-Juwel. Sein Körper ist frei von Krankheiten, und das Tier kann an einem Tag dreimal den Kontinent umrunden. Es symbolisiert die Beweglichkeit und Geschwindigkeit des Cakravartin, des Weltenherrschers.[62D]

Der kostbare Kriegs- oder Hausherr ist die letzte der drei Personen, die alle in Beziehung zueinander stehen. Dem Minister fällt hauptsächlich die Aufgabe des

Umsetzens der Wünsche des Cakravartin zu, während der Hausherr die Basis oder das Volk verkörpert. Wird diese Person als Kriegsherr interpretiert, dann steht sie für die zornvolle oder auch machtvolle Durchsetzung und für den Sieg über die Hindernisse.[63D] – Der Hausvater verfügt über unerschöpfliche Reichtümer wie Diamanten, Smaragde und andere Kostbarkeiten, mit denen er, ohne dazu aufgefordert zu sein, Schluchten, Abgründe und andere unangenehme Orte ganz ausfüllt.[64D] Diese Aussage darf jedoch nicht wörtlich genommen werden, denn die tibetische Symbolik bedient sich – worauf schon hingewiesen wurde – auch der materiellen Ebene, um geistige Aktivitäten auszudrücken.[45D] So wird hier gesagt, daß mit geistigen Bemühungen, Anstrengungen und Aktivitäten (unterschiedliche Reichtümer) Hindernisse (Schluchten, Abgründe und andere unangenehme Orte) überwunden werden. – Die Sieben Kostbarkeiten „werden hohen geistlichen und weltlichen Persönlichkeiten zu bestimmten Gelegenheiten überreicht, z. B. bei der Inthronisierung, zum Neujahrs-, Begrüßungs- und Danksagungsfest sowie zu anderen großen Festlichkeiten.“ Außerdem werden sie bei verschiedenen Ritualen den Buddhas und Bodhisattvas durch bestimmte Rezitationen als Opfergaben dargebracht.[65D]

Es verbleibt noch anzufügen, daß mitunter die Symbole auch in der Reihenfolge: Königin, Juwel, Rad, Elefant, Pferd, Minister und Hausherr genannt und abgebildet werden.[66D]

Die Sieben sekundären Kostbarkeiten

Während die zuvor behandelten Sieben Kostbarkeiten die Ausstattung eines Weltenherrschers darstellen, zeichnen sich dagegen die Sieben sekundären Kostbarkeiten durch ihre rätselhaften magischen Eigenschaften aus. Ganz offensichtlich sind in Indien alle Träume von Wunscherfüllungen und der Beseitigung von Schwierigkeiten in sie eingeflossen, die sich nur Menschen ausdenken können.[67D]

Das kostbare Schwert bringt die Bewohner des Landes, die sich dem Geist oder dem Wort des Königs widersetzen von sich aus zur Aufgabe ihres Tuns, ohne daß die Waffe die Menschen jagt, schlägt oder verletzt.[67D]

Die kostbare Haut stammt von einer Meeresschlange und ist fünf Patsä breit und zehn lang, läßt keinen Regen durch, wird nicht vom Wind bewegt und verbrennt nicht. Bei Kälte erzeugt sie Wärme und bei Hitze Kühle. Wohin der Cakravartin auch geht, der kostbare Minister nimmt sie mit – und sie erledigt die gesamte

Hausarbeit der Leute des Königs. Darüber hinaus besitzt die Schlangenhaut die Leuchtkraft von Sonne und Mond.[68D]

Der kostbare Sitz des Königs ist sehr bequem, und wenn man sich auf ihm niederläßt, ist die Versenkung vollkommen und der Geist geklärt. Sollte sich jemand auf ihn setzen, der unter die Gewalt der Drei Grundübel geraten ist, dann wird er sofort von ihnen befreit. Hat sich der König auf dem kostbaren Sitz niedergelassen und betrachtet die Frauen, dann rufen sie große Freude in ihm hervor, aber in seinem Geist entsteht keine Anhaftung.[69D]

Der Garten des Cakravartin: Wenn der König in ihm „Versenkung [üben] möchte und dorthin geht, kommen durch die Kraft des Gartens und die wie auch immer gearteten heilsamen Handlungen des Königs die Freuden der Gärten der Götterwelt, nämlich Blumen, Früchte, Vögel, Lotos, Teiche und angenehme fließende Gewässer…“[69D]

Das kostbare Haus des Cakravartin ist mit vielen Vorzügen ausgestattet. Wenn jemand in ihm schläft „und in der Nacht zur Schlafenszeit den Mond sehen möchte, kommen auch Planeten, Sterne und Sternschnuppen dorthin zu seinem Haus… Von jeglicher Traurigkeit befreit, wird dieser Mensch in Glückseligkeit schlafen. Im Schlaf wird er mit großer Freude angenehme Träume erleben. In kalter Zeit steigt warme Luft auf und in warmer Zeit wird er von kühler Luft berührt, die angenehm und weich aufsteigt. Zwei von drei Phasen der Nacht schläft er, und in der dritten wird er frei von Schlaf aufstehen und in glückseligen Umständen verweilen.“[70D]

Das kostbare Gewand ist „fein gewebt, von vorzüglicher Weichheit und unbefleckt von Schmutz. Wenn jemand es anzieht, können einem Kälte, Hunger, Durst, Schwäche, Erschöpfung und Müdigkeit nicht [mehr] schaden, Feuer und Waffen können [einen] weder verbrennen noch verletzen.“[71D]

Die kostbaren Schuhe: Streift sie sich der Cakravartin über die Füße, dann sinkt er mit ihnen weder im losen Sand noch im Wasser ein. Auch wenn er langsam gehen möchte, vermag er mit ihnen hundert Patsä zurückzulegen, ohne daß er körperlich ermüdet.[71D]

Die Sieben Juwelen

Bei dieser Gruppe handelt es sich um Symbolzeichen, die aus dem chinesischen Raum ihren Eingang in den tibetischen Kulturkreis gefunden haben und oft gemeinsam dargestellt werden. Über sie gibt es unterschiedliche Interpretationen. Das Buch folgt den aus Dharamsala erhaltenen Auslegungen.

Das Horn des Einhorns stellt ein Juwel dar, das den Wunsch zu erfüllen vermag, von Krankheiten und Leiden sowie von vorzeitigem Tod befreit zu sein. – Die Ohrringe der Königin sind der Inbegriff einer erhabenen Königin, die außerordentlichen göttlichen Frauen unbefleckte Wonne verleiht. – Der Korallenzweig symbolisiert einen kostbaren Elefanten, der gegnerische Kräfte durch seine

beeindruckende und würdevolle Erscheinung überwältigt. – Die Ohrringe des Königs versinnbildlichen den Hausbesitzer oder Hausvater, der über unerschöpfliche weltliche und geistige Reichtümer verfügt. – Die Maßeinheit von Magadha steht für einen außerordentlichen General, der Befehle seines Königs ausführt, bevor er darum ersucht worden ist, und der die Fähigkeit besitzt, gegnerische Heere ohne Laster und Gewalt zu besiegen. – Die beiden Stoßzähne eines Elefanten stehen für ein kostbares Pferd, das mit unvorstellbarer und zaubergleicher Geschwindigkeit ausgestattet ist. – Als letztes Symbol ist hier das Dreifache Schmuckornament abgebildet. Es bedeutet Autorität über religiöse Angelegenheiten.[74]

Die Fünf Sinneswahrnehmungen oder die Fünf Arten des Genusses

Diesen fünf Objekten sind wir bereits auf dem Wandbild „Meditation und Beruhigung" begegnet, und es wurde zu ihnen erklärend gesagt: Der Spiegel steht hier für das Wahrnehmen der Form (während er bei den Acht glückbringenden Dingen als Symbol für das Bewußtsein benutzt wird)[72D] – zwei Zimbeln oder eine Laute drücken das Hören aus – Duftstoffe in einem Schneckenhorn veranschaulichen das Riechen – Früchte symbolisieren das Schmecken und ein Seidenschal, der eigentlich ein kostbares Gewand sein müßte, versinnbildlicht den Tastsinn. – Es sind alles Gegenstände, die zur geistigen Erregung führen, die das Begehren oder die Begierde (das Greifen nach Genuß), also die Gier, das größte der Drei Grundübel, veranschaulichen. – Werden nun die Fünf Sinneswahrnehmungen in einem Ritual geopfert, als Opfergaben hingegeben, dann wird der Opfernde frei von allen Einflüssen, die ihn ablenken können, und er ist offen für die Lehre, den

Dharma. Es mag eine gute, vielleicht auch sehr gute Interpretation dieser Symbole sein. Aber erfaßt sie die volle Bedeutung der Symbolkette? Das kann nicht der Fall sein, denn es gibt noch eine weitere Darstellungsform dieser fünf Zeichen, die nicht wie erstere in einer Opfer-, sondern in einer Schädelschale bildlich dargebracht werden. Die weiteren Opfergaben sind: Zwei Augen, zwei Ohren, eine Nase, eine Zunge sowie menschliche Haut (es sind aber auch zwei menschliche Hände bekannt). Die erste Darstellungsform dieses Symbolkreises bestand aus Gegenständen (Spiegel – Zimbeln/Laute – Geruchssubstanzen – Speisen – und einem Kleidungsstück), während die zweite durch Sinnesorgane mit ihren jeweiligen inneren Aspekten ihre Versinnbildlichung finden (Augen = Sehfähigkeit – Ohren = Hörfähigkeit – Nase = Riechfähigkeit – Zunge = Schmeckfähigkeit sowie Haut [zum Teil auch zwei Hände] = Fähigkeit des Berührens). Es ergibt sich aber auch noch ein weiterer innerer Aspekt für die fünf Symbole: Sehen des Maṇḍala – Hören der Klänge – Genuß des Riechens – Genuß des Schmeckens und angenehme Erfahrung des Berührens. Hieraus ist zu erkennen, daß sich ein Wandel vom Äußeren zum Inneren vollzogen hat.[73D] Ferner wird einem bewußt, daß die Opferhandlungen auf mehreren Ebenen verlaufen. Das wird durch die Tatsache unterstrichen, daß die „äußere" Gruppe der Symbolzeichen den friedvollen Aspekten des Buddha als Opfergaben dargebracht wird, während die „innere" bei den machtvollen Erscheinungsformen des Erwachten zu finden ist. Dann muß man sich bewußt werden, daß auch die Symbolik dieses Kreises auf komplizierte esoterische und geheime Gedankengänge aufgebaut ist, die keinem Uneingeweihten oder Unwissenden in einfacher und verständlicher Form dargelegt werden kann. – Das symbolische Darbringen von Opfergaben erfolgt wiederum durch rituelle Rezitationen. Um das verständlich zu machen, sei noch ein von Lama L.S. Dagyab Rinpoche ins Deutsche übertragener Ausschnitt einer solchen angefügt:

„Obwohl der Sieger über makellosen Reichtum gebietet, opfere ich zum Nutzen der Lebewesen die fünf Qualitäten des Genusses. Mögen dadurch alle Wesen den unerschöpflichen Schatz der Verdienste genießen!*
(Mantra)"[73D]
...

* Sieger = Überwinder aller Schleier, d. h. aller Illusionen und geistigen Hindernisse.[39D]

Kultbilder

Einführung (Allgemeines)

Ein Nichtbuddhist oder Unwissender mag sich fragen, warum es überhaupt Kultbilder gibt und ob hier nicht „Götzen“ dargestellt, verehrt und angebetet werden. Wenn man in den Märchen die „guten“ Personen als nacheiferungswürdig und wohl auch unbewußt als Vorbild ansieht und sich mit ihnen identifiziert, so stellt für den Buddhisten ein Bild des Erleuchteten die alles umfassende Weisheit, das höchste Prinzip dar. Und wenn sich ein Adept vor einer Darstellung des Buddha verneigt und mit der Stirn den Boden berührt, dann bekundet er keinem „Götzenbild“ seine Ehrerbietung, sondern er drückt damit dem Buddha, als dem Ideal höchster **menschlicher** Vollkommenheit, hingebende Verehrung aus sowie den Wunsch, nach Möglichkeit dereinst auch die Erleuchtung zu erlangen. Betrachtet man die schier unübersehbare Anzahl der in den lamaistischen Tempeln vorhandenen Darstellungen des Buddha, dann fragt man sich, warum sie so groß ist, wo es doch nur einen historischen Buddha Siddhārtha Gautama gibt, der als Buddha Śākyamuni verehrt wird. Gleichsam wie ein Künstler ein ihn ansprechendes Motiv immer wieder in neuen Variationen gestaltet, so entstanden unter den Darstellungen des Erleuchteten im Mahāyāna und später im Vajrayāna immer neue Varianten. Sie stellen alle jeweils einen gesonderten Aspekt von ihm dar. So wird, um nur einige zu nennen: die Weisheit, die der Buddha durch seine Erleuchtung erlangte, durch die fünf Dhyāni-Buddhas veranschaulicht – seine Barmherzigkeit durch den Bodhisattva Avalokiteśvara – seine heilende Kraft findet durch die acht heilenden oder auch Medizin-Buddhas ihre Ausdrucksform – seine geistig reinigende Kraft durch die fünfunddreißig reinigenden Buddhas sowie durch den Bodhisattva Vajrasattva und schließlich wird sein Aspekt als Retter und Erlöser durch Tārā, die weibliche Seite des Bodhisattva Avalokiteśvara verkörpert. – Aber auch Lehrsysteme werden durch im Geist entstandene Wesen personifiziert, was durch das Vorhandensein von Guhyasamāja, dem Herrn der Geheimnisse, – von Cakrasaṃvara, dem Tantra (Lehrsystem) von der höchsten Glückseligkeit, und von Kālacakra, Personifizierung eines Muttertantras, belegt wird. – Ferner sind in den Tempeln *(lhakhang)* Darstellungen von historischen Personen vorhanden. Zunächst sind hier die vierundachtzig Arhats (Heilige), die übernatürliche Fähigkeiten besitzen, zu nennen, dann Padmasambhava, der Dämonenbezwinger, der den Buddhismus nach Tibet brachte, sowie Ordens- und Klostergründer.

Außer den friedvollen Erscheinungsformen gibt es aber auch noch machtvolle Aspekte der im Geist entstandenen Wesen. Ihr schreckeinflößendes Aussehen veranschaulicht jedoch keine Emotionen, sondern es macht die Energien und die geistige Macht sichtbar,[75D] über die die betreffenden Aspekte des Erleuchteten verfügen sowie die Kräfte, die notwendig sind, um die Drei Grundübel und unser eigenes Ego zu überwinden und uns damit zur Erleuchtung zu führen.[5]

Zahlreiche Wandbilder, wie auch Thaṅgkas, zeigen häufig männliche „Gottheiten", die sich mit ihrer mystischen Partnerin in einer sakralen Vereinigung, in Yab-yum, was Vater [und] Mutter bedeutet, befinden. Eine Yum stellt die überirdische ergänzende Weisheit *(prajñā)* eines Wesens dar, weswegen die Partnerinnen vielfach auch so bezeichnet werden. Sie sind Ḍākinīs, Inspirationsgenien göttlichen und dämonischen Ursprungs[5] (auf die an späterer Stelle noch eingegangen werden muß). So werden zahlreiche „Gottheiten" in Yab-yum figürlich durch ein »männliches« und ein »weibliches« Wesen dargestellt. Das bedeutet aber **nicht**, daß hier – wie Lama Dagyab Rinpoche schreibt – zwei gesonderte Personen vorhanden sind. Vielmehr sind beide ein wesentlicher Bestandteil der tantrischen Überlieferung und lediglich Aspekte des Bewußtseins. Es ist auch daran zu erkennen, daß im Maṇḍala die zentrale Hauptgottheit mit ihrer Partnerin als **eine** „Gottheit" gezählt wird.[58D]

Die Darstellungen des Erleuchteten sowie die aller seiner Aspekte unterliegen alten festgelegten Formen und sind in ein Spannungsfeld eingebunden. Das gilt für ihre jeweiligen Körper-, Arm-, Hand- und Fingerhaltungen genauso, wie für die Embleme, die sie in Händen halten. Die jeweiligen Farben sind den Sādhanas (Ritualtexten) zu entnehmen,[5] so daß sich im Laufe der Jahrhunderte nichts Wesentliches bei einer erneuten Darstellung von ihnen verändert hat. Frühe indische Wandbilder von ihm fallen durch ihre Einfachheit und ihre wenigen Konturen auf. Spätere chinesische Einflüsse sind an ihrem feinen Pinselstrich, dem Einbeziehen der Landschaft in die Bildkomposition sowie an ihrem Blumenschmuck zu erkennen. Moderne Wandbilder haben mitunter eine intensive Farbgebung, jedoch die alten Gestaltungsregeln sind eingehalten worden. Verblassen die Farben im Laufe der Zeit, blättern von den Wänden ab oder verrußen durch die Butterlampen, die bei festlichen Anlässen zu Hunderten brennen, dann wurden mitunter die Wandmalereien mit neuen Farben aufgefrischt. Hierbei ist es meist unvermeidlich, daß Feinheiten verloren gehen, da zum Beispiel Konturen übermalt oder gar Farben geändert wurden. So bedauerlich das auch sein mag, so sollte man doch daran denken, daß Klöster keine Museen sind, sondern eine lebendige Welt, in der die Mönche leben.

Verschiedentlich ist in einem Tempel eine Wand – oder deren mehrere – bis auf eine größere Darstellung in der Mitte, mit einer Vielzahl von kleinen etwa dreizehn Zentimeter hohen Bildern eines Buddhas oder Bodhisattvas bemalt. Was mag das bedeuten? – Wie in der christlichen Kirche das „Vater unser" und insbesondere das „Ave Maria" viele Male hintereinander gebetet und wiederholt werden, so stellt ein Buddhist seine Buddhas (Gottheiten im christlichen

Sinne gibt es im Buddhismus ja nicht) immer wieder bildlich dar. Es ist, gleich dem Drehen eines Maṇi-tschö-khors, das Nachvollziehen eines schöpferischen Aktes, ein heilsames Tun.[5]

Die im Geist entstandenen Wesen werden meist in Gruppen geordnet und öfter an gleicher Stelle im Sakralbereich dargestellt. Außerhalb des Tempels *(lhakhang)* findet man beiderseits der Tür, die zu ihm führt, die vier großen Könige oder Weltenhüter *(Lokapāla)* abgebildet, während innenseitig auf dieser Wand (wie zum Teil auch auf den anstoßenden Seitenwänden) die „Beschützer der Lehre" *(Dharmapāla)* zu sehen sind. Andere Gruppen sind, um noch einige zu nennen: die acht heilenden sowie die fünfunddreißig reinigenden Buddhas – Erleuchtungswesen *(Bodhisattvas)* und die vierundachtzig Siddhas (oder zum Teil auch Mahāsiddhas), die aber nur selten alle gemeinsam dargestellt werden. – Beliebt sind auch Triaden von drei miteinander korrespondierenden Personen oder „Göttern" wie zum Beispiel Buddha Śākyamuni mit seinen beiden Lieblingsjüngern Śāriputra und Maudgalyāyana – drei Buddhas, die für drei Weltzeitalter stehen: Buddha Kanakamuni für ein vergangenes, Buddha Śākyamuni für das jetzige und Maitreya als Buddha des nächsten, kommenden Weltzeitalters – drei „Gottheiten" (wie man sagt) des langen Lebens (Amitāyus, die Weiße Tārā und Uṣṇīṣavijayā) sowie die drei Bodhisattvas: Vajrapāṇi, Avalokiteśvara und Mañjuśrī. Letztere stehen für drei Reliquienbehälter für richtiges Handeln, Reden und Denken.[5]

Buddha Śākyamuni sowie einige seiner im Geist entstandenen Erscheinungsformen und einige historische Personen werden mitunter mit einem aus Stücken zusammengenähten Gewand dargestellt. Sie bringen uns wieder ins Gedächtnis, daß der Erleuchtete seinerzeit seinen Anhängern den Rat gab, sich ihre Kleidung aus Flicken selbstzumachen und sie mit „Dreck" zu färben. In Indien setzte man Dreck gleich Erde und nahm hierzu die dort sehr häufig im Boden vorkommenden Krappwurzeln.[5] Ihr Farbstoff ergibt eine Farbe, die in etwa der von Rost oder geronnenem Blut gleicht. So sind die Mönche in Indien und Tibet zu der heute noch gebräuchlichen Farbe ihrer Gewänder gekommen. An ihre ehemalige übliche Stückelung erinnern nur noch etliche Darstellungen des Erleuchteten, des Dhyāni-Buddha Amitābha, des Bhaiṣajyaguru, des höchsten Heilers, sowie des Padmasambhava, der den Buddhismus nach Tibet brachte, und bei Gründern von Lehrrichtungen (Abb. 22 S. 56) oder Schulen sowie bei anderen sind ebenfalls „Flickengewänder" zu finden.[5]

Es dürfte ungewöhnlich für einen Besucher aus dem Abendland sein, in einem lamaistischen Tempel Skulpturen und Bronzen des Buddha zu sehen, die mit kostbaren Brokatstoffen bekleidet sind, oder es sind ihnen weiße Glücks- und Verehrungsschleifen *(khatas)* umgehängt. Das entspricht unserem Brauch, Kruzifixe und Heiligenbilder mit Blumen und blühenden oder grünen Zweigen zum Zeichen der Verehrung zu schmücken. – Dann fällt auf, daß die großflächig ange-

Die wichtigsten symbolischen Hand- und Fingerhaltungen, Gesten
(wörtlich: Siegel, Zeichen – Skt.: *mudrā*)

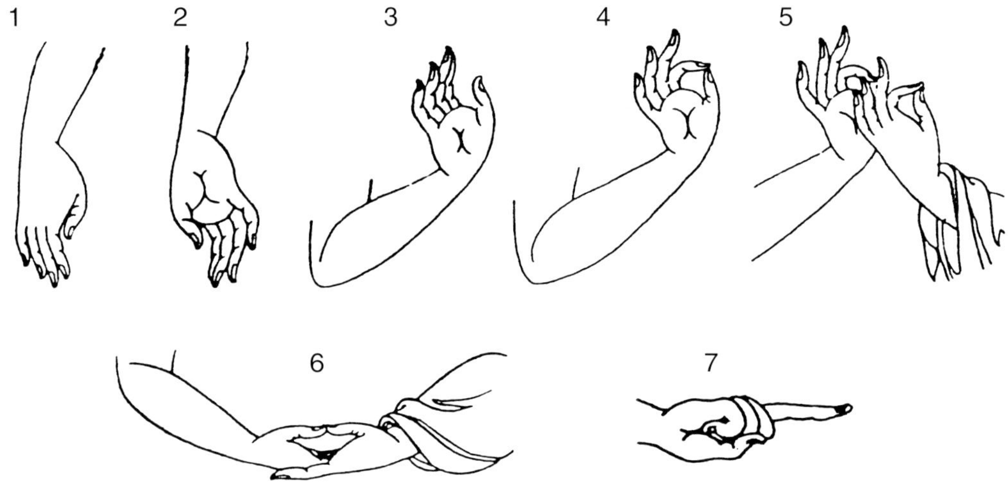

1) Geste der Erdberührung oder Anrufung der Erde als Zeuge *(bhūmisparśa-mudrā)* – 2) Geste des Gebens, des Wunschgewährens *(varada-mudrā)* – 3) Geste der Furchtlosigkeit *(abhaya-mudrā)* – 4) Geste des Argumentierens oder Darlegens *(vitarka-mudrā)* – 5) Geste des Lehrens oder Drehens des Rades der Lehre *(dharmacakra-mudrā)* – 6) Geste der Meditation oder Versenkung *(dhyāni-mudrā)* – 7) Geste des Drohens *(tarjanī-mudrā)*.

Einige wichtige Embleme

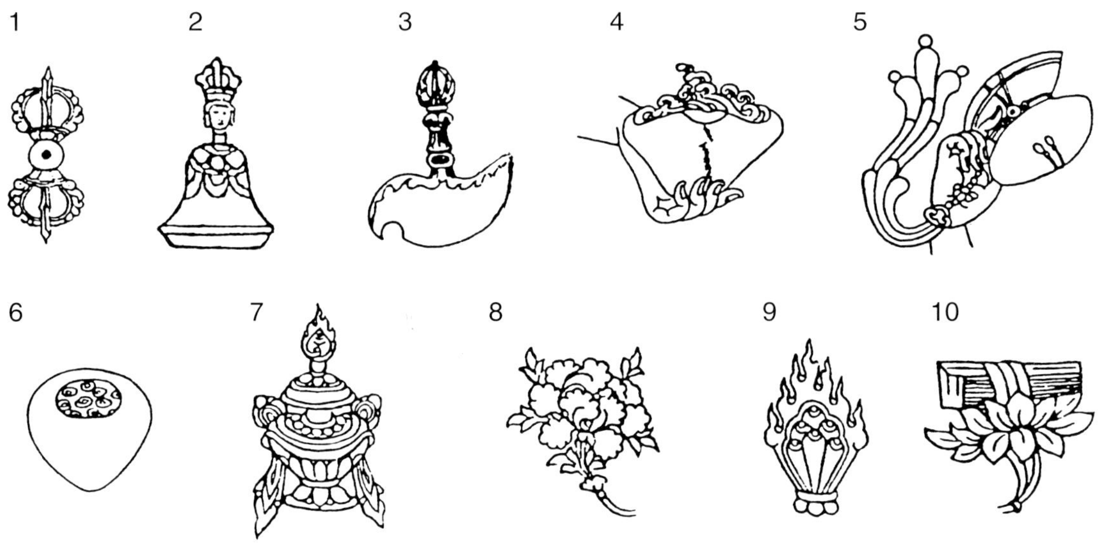

1) Diamantzepter *(vajra)* – 2) Glocke *(ghaṇṭā)* – 3) Opfermesser *(kartṛkā)* – 4) Schädelschale *(kapāla)* – 5) Doppel- oder Sanduhrtrommel *(ḍamaru)* – 6) Almosenschale *(pātra)* – 7) Vase *(kalaśa)* – 8) Lotos *(padma)* – 9) Wunschjuwel *(cintāmaṇi)* – 10) Buch *(pustaka)*.

legten Darstellungen des Buddha mit seinen zahlreichen Erscheinungsformen, wenn sie auch eine oder gar mehrere Wände einnehmen, stets von drei Farbbändern umgeben sind. Eine derartige Einfassung ist auch bei Thaṅgkas, den auf Stoff gemalten Rollbildern, in den gleichen Farben festzustellen: außen blau, in der Mitte gelb und der innere Streifen zum Bild hin ist rot.[30] Am Anfang des Kapitels wurde bereits erwähnt, daß die fünf Dhyāni-Buddhas die Erleuchtungsweisheit des Buddha personifizieren. Jeder von ihnen ist auch das Oberhaupt einer Buddha-Familie *(Buddha-Kula)*, von denen jede eine andere Körperfarbe besitzt. So kann durch die „Familienfarbe“ ebenfalls eine Kula (Familie) ausgedrückt werden. Werden nun die drei Farbstreifen von außen nach innen betrachtet, dann haben wir zunächst die Farbe Blau. Sie besagt, daß die Vajra-Familie mit ihrem Oberhaupt Akṣobhya gemeint ist. Das Gelb des Mittelstreifens zeigt an, daß es sich hier um die Ratna-Kula mit ihrem Familienoberhaupt Ratnasambhava handelt, während sich die rote Farbe auf die Lotos-Familie mit Amitābha bezieht.* Doch was drücken die drei Buddha-Kulas mit ihren Oberhäuptern an dieser Stelle aus? Akṣobhya ist der „Unerschütterliche“ und sein Emblem ist der Vajra, das Zepter der diamantklaren Wahrheit, das alles Unreine zerstört, vernichtet. In dem Namen Ratnasambhava ist das Wort Ratna, das Juwel, enthalten, das der Gestalt den Namen gab. So steht hier Ratnasambhava „der Juwelengeborene“ mit seinem Emblem für die Initiierung. Verbleibt noch Amitābha, „das unermeßliche Licht“, der auch der Herr des Westlichen Paradieses ist, der Vorstufe zum Nirvāṇa, aus der es keine Wiedergeburt in den sechs niederen Daseinsbereichen (veranschaulicht im Rad der Existenzen) mehr geben kann. Folglich besagen die drei Farbbänder, daß die auf den Wänden der Tempel und auf den Thaṅgkas dargestellten Aspekte des Buddha im gereinigten Bereich des „Reinen Land des Amitābha“, der Vorstufe zum Nirvāṇa, abgebildet werden.

Auf großflächigen Wandbildern werden die Buddhas, Bodhisattvas und andere Aspekte des Erleuchteten sowie auch einige historische Personen im Reinen Land in einer grünen Landschaft dargestellt. In sie sind gelegentlich einige ergänzende Details liebevoll eingefügt. Zu ihnen gehören: der Weltenberg Meru, der Urozean, aus dem alles kommt, der Pipal- oder Bodhibaum, unter dem der Buddha seine Erleuchtung erlangte, mitunter auch ein Mönch, der in einer Höhle oder auf einem Friedhof meditiert, und eine weiße Entenfamilie (oder auch Seevögel) auf einem Gewässer, die ein Sinnbild des friedvollen Miteinanderlebens im Paradies sind.[89] Zu ihnen gesellen sich noch zahlreiche Symbolzeichen, die einem oder mehreren Kreisen entstammen. Auf die abgebildeten und zum größten Teil im Geist entstandenen und körperlich unterschiedlich vorgestellten Aspekte des Buddha (die in den Ritualtexten [*sādhana*] genau beschrieben sind)

---

* Das klösterliche Tibet-Institut in Rikon bestätigte mir auf Anfrage, daß die drei Farbstreifen die drei Buddha-Familien symbolisieren.

wird am Ende des Kapitels eingegangen. Bei der großen Anzahl der zu behandelnden Wesen ist es nur möglich, jeweils einen kurzen Abriß von ihnen zu geben. Wer an einem größeren Hintergrundwissen interessiert ist, den muß ich erneut auf mein erstes Buch verweisen, in dem einige ausgewählte Aspekte des Buddha eingehend behandelt werden. – Die grüne Landschaft geht in einen blauen, ja tiefblauen Himmel über. Zu ihm sagt Lama Anagarika Govinda: „Betrachten wir die geheimnisvolle Tiefe und Bläue des Firmaments, so kontemplieren wir die Tiefe unseres eigenen Wesens, unseres eigenen rätselhaften, allumfassenden Bewußtseins in seiner urtümlichen, ungetrübten Reinheit: ungetrübt von Gedanken und Vorstellungen ... Es ist das Licht der transzendenten Weisheit des Dharmadhātu*, des Ursprunges aller Bewußtheit und aller Erkenntnis, ... allumfassend wie der unendliche Raum, – das leuchtend blau aus dem Herzen des Vairocana, des zentralen Urbuddha, hervorgeht. Dieses Licht, das im Bardo Thödol als die Urform oder das reine Element des Bewußtseins in seiner Gesamtheit aufgefaßt wird, symbolisiert zu gleicher Zeit die Potentialität der »Großen Leere«, der Śūnyatā."[90] Der tiefblauen Symbolfarbe des Dharmadhātu begegnen wir auch verschiedentlich bei Skulpturen und Bronzen des Buddha Śākyamuni und des Maitreya als Buddha des künftigen Weltzeitalters (jedoch **nicht** bei ihm als Bodhisattva) an ihrem kurzen gekräuselten Haar. Es ist nicht bronzefarben, sondern es ist angemalt und besitzt eine tiefblaue und keinesfalls schwarze Farbe. Die beiden großformatigen Bildtafeln No. 1 und 24 in meinem ersten Buch belegen es. Diese Farbgebung läßt erkennen, daß die beiden Buddhas die transzendente Weisheit des Dharmadhātu und damit die Erleuchtung erlangt haben.[89] – Am Firmament werden gerne zu Häupten der Gestalten weiße Wolken dargestellt. Sie sind die Verkörperung des Prinzips des Wandels und damit aller Erscheinungen und insbesondere des Geistes, wie es durch das Kommen und Gehen der Gedanken deutlich wird. Sie sind ein Ausdruck der Fruchtbarkeit (Regenwolken) und somit des Dharma.[5] – Die Wandbilder werden oben von einem gemalten Vorhang begrenzt, der an seinem unteren Rand eine breite rote Borte und darüber eine grüne besitzt. Bei neueren Darstellungen sind auf ihm oftmals siebengliederige Perlenschnüre zu sehen, die die sieben Glieder der Erleuchtung versinnbildlichen. Dann findet man neben dem Wunschjuwel auch drei miteinander verbundene und tropfenähnlich herunterhängende Juwelen, die man als einen Triratna ansehen kann. Er symbolisiert Buddha, die Lehre *(dharma)* und die Mönchsgemeinschaft *(saṅgha)*. – Wird man sich bewußt, daß die „Gottheiten" im Reinen Land dargestellt werden und hinter und über ihnen das tiefe Blau der transzendenten Weisheit des Dharmadhātu sichtbar ist, dann kann der Vorhang nur das Nirvāṇa, das unvorstellbar ist, den Blicken der Beschauer entziehen.

---

* Sanskrit, wörtlich: „Bereich oder Sphäre des Dharma" (Anmerkung des Autors).

Wenden wir uns nun kurz den Meditationen zu. Es wurde bereits gesagt, daß die dargestellten Buddhas (wie auch die Maṇḍalas) Meditationshilfen sind. Bei einer Meditation über einen Aspekt des Erleuchteten kann ihn ein Adept nach einer Weile auf seinem Scheitel ruhend spüren, er holt ihn dann herunter in sein Herz und wird so eins mit ihm. Es ist aber genauso möglich, daß sich der Meditierende über dem Haupt des betreffenden Buddha schwebend fühlt, sich in dessen Herz gleiten läßt und mit ihm verschmilzt und so zum Erleuchteten wird.[5] Im vorausgegangenen Abschnitt dieses Kapitels wurde ausgeführt, daß der Buddha mit seinen zahlreichen Aspekten auf den Wänden in den Klöstern im Reinen Land des Amitābha dargestellt wird. Und soeben wurde hinzugefügt, daß ein Mönch in der Meditation eins mit dem Buddha, ja zu Buddha selber wird. Diesem Gedankengang folgend wird einem bewußt, daß der gesamte Tempelraum mit seiner roten Ausstattung auch zum Reinen Land des Amitābha gehören muß, da sich ja ein Buddha nicht mehr in den sechs niederen Daseinsbereichen befinden kann.

Es muß nun noch über etwas Allgemeinwichtiges gesprochen werden. Der Buddhismus ist eine Religion der Stufen, der Entwicklungs- oder Erkenntnisstufen. Das bedingt, daß es entsprechend den Reifegraden unterschiedliche Buddhas geben muß. So existiert der Erleuchtete auf drei Ebenen *(triloka)* in drei unterschiedlichen Körpern *(trikāya)*. Die untere Stufe oder Ebene, auf der wir leben, dem Begierdebereich *(kāmaloka)*, ist es der Körper der Wandlung *(nirmāṇakāya)*, der irdische Erscheinungskörper. Auf der mittleren Ebene, dem Formbereich *(rūpaloka)*, gibt es den Körper der Verzückung, der Schauung *(sambhogakāya)*, Spiegelungen oder Reflexe des Ur-Buddha, die fünf Tathāgatas oder Dhyāni-Buddhas. Und auf der höchsten Ebene, im formlosen Bereich *(arūpaloka)*, haben wir den Geist- oder universellen Körper *(dharmakāya)*, die Allwissenheit des Buddha, personifiziert durch den Ur-Buddha.[5]

21 Der Shabdrung Rinpoche von Bhutan ist hier zweimal abgebildet, einmal als Zentralfigur und zum anderen als eine Emanation des Padmasambhava (u. l.)

Will man ein im Geist entstandenes Wesen identifizieren, dann sollte man sich zunächst seiner Merkmale bewußt werden: ist es fried- oder machtvoll dargestellt (was mitunter nur schwer festzustellen ist) – welche Körperhaltung hat es und wieviele Köpfe, Arme und Beine. Wie sind seine symbolischen Arm-, Hand- und Fingerhaltungen *(mudrās)*, und welche Embleme besitzt es? Ihre jeweilige Körperfarbe hilft einem genaugenommen nur bei einem Dhyāni-Buddha weiter. Sonst sagt sie nur etwas

22 Tschodje Danpa, der Gründer des Klosters Phiyang (Ladakh), in der Darstellungsform des Gründers der Lehrrichtung der Digungpa

über die Buddha-Familie *(kula)* aus, zu der das Wesen gehört. Bei einem Dhyāni-Buddha kann auch sein Reit- oder Throntier – falls es mit ihm dargestellt ist – hilfreich sein. Bei den Darstellungen von historischen Personen haben die Künstler verschiedentlich bewußt Abwandlungen geschaffen. So gibt es zum Beispiel im Kloster Stakna (Ladakh) ein auf Stoff gemaltes Wandbild, auf dem der Klostergründer Shabdrung Rinpoche von Bhutan als Zentralfigur zu sehen ist (Abb. 21). Um ihn herum sind vier Erscheinungsformen des Padmasambhava angeordnet. Unter ihnen ist jetzt der Klostergründer (u. l.) als Guru Rinpoche dargestellt. In seiner Rechten hält er den Vajra, das Zepter der diamantklaren Wahrheit, und in seiner Linken eine Kalotte oder Schädelschale, in der sich eine Vase *(kalaśa)* mit dem Wasser der Todlosigkeit *(amṛta)* befindet. Ferner ist in seiner linken Armbeuge der tantrische Stab Khaṭvāṅga zu erkennen. – Zwei weitere Beispiele dieser Art sind im Kloster Phiyang (Ladakh) zu finden. Dort ist einmal (im Tempel Nyingpa) der Klostergründer Tschodje Danpa, in der Darstellungsform des Gründers der Lehrrichtung als 'Brikhung Rinpoche[76] abgebildet – und zum anderen im Gonkhang, dem ältesten Tempel des heutigen Klosters, als Buddha. Nur kann man bei ihm an seinem Gewand sowie an seinem Haaransatz erkennen, daß hier nicht der Erleuchtete zu sehen ist. Einen Hinweis auf den offensichtlichen Sachverhalt gibt uns ein Buch, das besagt, daß der Gründer dieses Klosters zu Lebzeiten als „lebender Buddha" angesehen wurde.[77] – An den obigen Beispielen ist zu sehen, wie schwer es sein kann, sich Klarheit über die Identität einer Person oder eines im Geist entstandenen Wesens zu verschaffen, und daß oft nur Ausdauer (oder der Zufall) zum Erfolg führen kann.

23 Tschodje Danpa galt zu Lebzeiten als „lebender Buddha". Hier ist er als solcher zu sehen

Schützer und Wächter der Lehre

Lokapālas, die vier Himmelskönige (Abb. 24–27)

Beiderseits des Einganges zu einem Tempel findet man die vier großen Könige, Weltenhüter oder auch die Lokapālas (Skt.) dargestellt. Sie sind auf dem mythologischen Weltenberg Meru beheimatet und bewachen dort die vier Eingänge zu der himmlischen Stadt, wie sie in einem Kloster einen Lhakhang oder Tempel von außen beschützen. Links der Tür wird der blauhäutige Virūḍhaka, der Wächter des Südens, mit einem Schwert sowie der Wächter des Ostens Dhṛtarāṣṭra mit weißer Hautfarbe und einer Laute abgebildet, was zeigt, daß er auch der Herr der himmlischen Musikanten ist. – Rechts der Tür hat der rothäutige Virūpākṣa seinen Platz. Er ist der Wächter des Westens, und ein kleiner Tschörten in seiner Linken weist ihn als Herrn der Mysterien aus. Neben ihm ist der Wächter des Nordens Vaiśravaṇa zu finden, der eine gelbe Hautfarbe besitzt und ein rundes Siegeszeichen sowie eine juwelenspeiende Manguste oder Schleichkatze hält. Das Wesen hat durch dieses Tier fälschlicherweise auch als „Reichtumsgott" *(Kubera)* Eingang in die tibetische Ikonographie gefunden.

Dharmapālas, die Wächter oder Beschützer der Lehre (Abb. 28–42)

Soeben haben wir erfahren, daß ein Tempel von außen durch die vier großen Könige beschützt wird. Für die innere Sicherheit, die in uns selber, sorgen die Dharmapālas, die auf der Innenseite der Eingangswand des Tempels zu finden sind. Sie stellen eine Schutzposition gegen das Böse, Unheilsame in uns dar. Die Dharmapālas stehen im Bodhisattvarang und haben bis auf wenige Ausnahmen ein furchterregendes, zornvolles Aussehen. Das besagt jedoch nicht, daß hierdurch Emotionen ausgedrückt werden. Vielmehr werden durch diese Darstellungsform eines Wesens ihre machtvollen geistigen Kräfte sichtbar gemacht.[75D] Das heißt, daß sie die Erkenntnis und das Wissen besitzen, daß alle Dinge von Natur aus leer, also ohne selbständige, dauerhafte Substanz sind,[89] sie also eine höhere geistige Ebene veranschaulichen.[75D] – Die Wächter oder Beschützer der Lehre werden in der Regel von einer Flammenaura (Feuer gleich Licht, Licht gleich Erleuchtung[97]) umgeben, die anzeigt, daß sie die Erleuchtung erlangt haben. Sie besitzen ein drittes Auge auf der Stirn, so daß sie in die drei Zeiten Vergangenheit, Gegenwart und Zukunft zu sehen vermögen.[5] Ferner tragen sie eine fünfzackige Schädelkrone, die ein Ausdruck der fünf Weisheiten ist.[78] Sie veranschaulicht: die Weisheit des Großen Spiegels, die reflexive Weisheit – die Weisheit der Wesensgleichheit – die unterscheidende Weisheit – die alles vollendende Weisheit und die universelle Weisheit.

Mahākāla, der große Schwarze (Abb. 28–32)

Gönpo, wie der machtvolle[75D] Aspekt des Avalokiteśvara[1] auf tibetisch heißt, kommt in 75 verschiedenen Varianten[100] und in den fünf Farben der Buddha-Familien – jedoch am häufigsten mit blauschwarzer Körperfarbe und nur mit einem Tigerfell als Lendenschurz bekleidet – vor. Tiger sind als Raubtiere, also als aggressive Wesen, bekannt, die andere Tiere angreifen und töten. Und wenn Gestalten mit einem Tigerfell um ihre Lenden dargestellt werden, dann veranschaulichen sie, daß diese Aspekte des Buddha ihren Haß überwunden und besiegt haben.[89] – Mahākāla wird meist in der gedachten Erscheinungsform des Hindugottes Śiva, des Weltzerstörers, in stehender Haltung dargestellt. Man sieht ihn im rechtsausfallenden Tanz- oder Seitenschritt auf Feinden der Religion stehen – während er in Yab-yum mit seiner Prajñā oder Ḍākinī sitzend zu sehen ist. Mahākāla hat zeitweilig eine Girlande von fünfzig abgeschlagenen Menschenköpfen umgehängt. Jeder dieser Köpfe stellt einen Buchstaben des altindischen Alphabets dar. Durch ihre Loslösung von ihren Körpern wird zum Ausdruck gebracht, daß sie freigeworden sind vom abstrakten Denken.[2] – Der sechsarmige Ṣaḍbhuja-Mahākāla trägt eine frisch abgezogene und noch blutige Elefantenhaut auf seinem Rücken ausgespannt. Hier zeigt uns dieser Aspekt des Buddha den größten unserer Fehler, unseren Ich-Wahn, die dicke Haut, die wir uns gerne umlegen, damit wir die Not um uns herum nicht sehen und Mitleid empfinden können.[79] Mit den Füßen steht dieser Mahākāla auf dem elefantenköpfigen und Hindernisse schaffenden Dämon Vināyaka.[100] – Auf eine Emanation des Mahākāla muß nun etwas ausführlicher eingegangen werden. Über sie gibt es eine Mythe, die ein Licht auf das tibetische Denken wirft, und es dürfte wahrscheinlich sein, daß es sehr viele von ihnen gibt. Der Mongolenfürst Kublai Khan (13. Jh.) war ein Kenner des Hevajra-Tantra und wünschte, mit seinem tibetischen Gast 'Phagspa am nächsten Morgen über die Schrift zu diskutieren. Jedoch war sie seinem Gast unbekannt, da er sie nicht gelesen hatte. Deshalb war 'Phagspa in der Nacht zuvor voller Verzweiflung, weil er sie sich nicht mehr bis zum nächsten Morgen beschaffen konnte. Da erschien ihm Mahākāla als alter Brahmane und legte ihm den Text vor. Mit dieser Hilfe gelang es 'Phagspa den Mongolenfürsten zum Buddhismus zu bekehren.[80] So fand Brāhmaṇarupa als eine Erscheinungsform des Mahākāla Eingang in den Buddhismus. Er wird als alter Brahmane mit einem Bart dargestellt, der eine Knochentrompete bläst. – Das wichtigste Emblem des Maning-Mahākāla ist das herausgerissene Herz eines Feindes der Religion oder Unwissenden, das er zu seinem Munde führt, um es aufzuessen. Um das Folgende zu verstehen, muß man wissen, daß im tibetischen Buddhismus das Herz eines Lebewesens als dessen geistiges Zentrum, also der Ausgangspunkt aller guten sowie der schlechten Gedanken und Taten, angesehen wird.[1] Ißt nun ein Schutzwesen das Herz eines Unwissenden, dann vernichtet es damit auch dessen Drei Grundübel: Gier, Haß und Wahn.[1] Das zeigt, daß diese Schutzwesen im wahrsten Sinne auch Beschützer sind. Sie machen einen Adepten frei für die Lehre und aufgeschlossen für das große Mitempfinden und Mitleiden *(mahākarūṇā)*, ohne die keiner die Erlösung, das Nirvāṇa, erlangen kann. – Der Bing-Mahākāla ist an seinem langen Stab zu erkennen, den er in den Händen (gelegentlich auch in seiner Armbeuge) hält. An seinen beiden Enden hat dieser meist ein Juwel oder einen halben Vajra. In der Einführung zu diesem Buch wurde schon darauf hingewiesen, daß durch den Schamanismus die „bösen Geister und Dämonen“ Eingang in die tibetische Form des Buddhismus gefunden haben. Zu ihnen gehören die Geister *(dön)* und Dämonen *(geg)*, die die uns daran hindern, Vorgenommenes in die Tat umzusetzen. Folglich müssen sie vernichtet werden. Dies geschieht (symbolisch) in einem Ritual, in dem mit dem Schlag einer Keule – die in zwei Formen existiert (*genśing* und *betschön*) – gegen den längeren Stab *(gentri)*, den man als Emblem des Bing-Mahākāla sieht, geschlagen wird.[86] – Eine weitere sechsarmige Erscheinungsform des Bing-Mahākāla (Abb. 31, S. 69) ist wegen seiner Embleme interessant, denn sie zeigt ihn einerseits mit sieben wichtigen Attributen und zum anderen steht er auf zwei Menschen. Alle Embleme dieses Dharmapāla dienen dazu, die Drei Grundübel zu überwinden, die uns an den Kreislauf von Geburt, Tod und Wiedergeburt *(saṃsāra)* binden. Der Vajrakīla oder „Dämonennagel“ vernichtet die Dämonen[158], die uns hindern etwas zu tun, das heißt die Schwierigkeiten in uns selber[75D] sowie die Drei Grundübel im Bardozustand[81]. Der Vajra, das Diamantzepter, zerschneidet die Wolken der Unwissenheit. Der Meditationskranz *(mālā)* dient der Meditation und damit zum Finden des Weges zur Erlösung, zum Nirvāṇa. Das herausgerissene Herz zeigt, daß das Wesen ebenfalls hilft, die Drei Grundübel zu vernichten[1]. In seiner Linken hält schließlich der Mahākāla wiederum im Zentrum eine mit Blut gefüllte Schädelschale *(kapāla)*. Sie ist die Umkehrung der Glocke friedvoller Wesen[1], der Stimme des Buddha,[30] die auch ein Symbol für die alles durchdringende Weisheit ist[1] – die zur Erleuchtung und damit auch zur Erlösung führt. Schließlich wird mit dem Stehen des Mahākāla auf zwei Menschen, die die Erlösung noch nicht erlangt haben, ausgedrückt, daß man sich in Gedanken den im Geist entstandenen Aspekt des Erleuchteten so vervollkommnet vorstellen muß, daß er die Gier, das Festhalten-Wollen, oder die Anhaftungen überwunden hat sowie eine Wiedergeburt in einem der sechs niederen Daseinsbereiche (siehe Rad der Existenzen), was die sechs Arme der Gestalt ausdrücken.[5] – Der sechsarmige Cintāmaṇi-Mahākāla hat seinen Namen von seinem Hauptemblem, dem Wunschjuwel *(cintāmaṇi)*, das er vor seiner Brust hält. Seine weiße Hautfarbe weist ihn als einen Angehörigen der Buddha-Kula aus. Das Wunschjuwel (Abb. S. 158) besteht aus sechs kleinen Juwelen, die eine „Pyramide“ bilden, auf der sieben kleine Flammen züngeln. Sie veranschaulichen die sechs Vollkommenheiten, das, was ans andere Ufer führt: Gebefreudigkeit, den ethischen Wandel, Geduld, Energie, Meditation und Weisheit. Und die sieben kleinen Flämmchen (Licht) stellen die sieben Glieder der Erleuchtung dar. Folglich drückt das Wunschjuwel den Wunsch aus, einmal selber die Erleuchtung, die Buddhaschaft zu erlangen. – Es gibt noch zahlreiche weitere Erscheinungsformen des Gönpo. Einige von ihnen sind: der Hüter der Wissenschaften (Ṣaḍbhuja-Mahākāla), der mit dem Schwert der Erkenntnis die Wolken der Unwissenheit zerschneidet, der Beschützer des Zeltes (Pañjara-Mahākāla) sowie elefanten-, löwen-, raben- und krähenköpfige Emanationen und andere.

Ihre beiden wichtigsten Embleme sind – wie bei zahlreichen anderen machtvollen[75D] Wächtern und Beschützern der Lehre – das Opfermesser *(kartṛkā)* mit seinem Vajraknauf und die Schädelschale *(kapāla)*. Sie stellen die Umkehrung des Diamantzepters *(vajra)* und der Glocke *(ghaṇṭā)*, der friedvollen Aspekte des Buddha dar.[1] Weitere Embleme des Mahākāla sind: der Dreizack *(triśūla)* – die tantrische Axt *(paraśu)*, mit der die Wurzeln der Unwissenheit, die uns an den Kreislauf von Geburt, Tod und Wiedergeburt binden, durchtrennt werden[1] – die Doppeltrommel *(ḍamaru)*, die mit ihrem Dharma-Klang den Geist erweckt[88] – die Fangschlinge *(paśa)*, mit der die Feinde des Dharma **geistig** gebunden werden[1] und das Meditationsobjekt in der Meditation „angebunden" wird, damit es nicht in ihr verloren geht[1] sowie weitere Embleme. – Von den Sakyapas wird Mahākāla besonders als Beschützer ihrer Lehren verehrt.[99]

Śrīdevī, die Glorreiche Göttin (Abb. 34 u. 35)

In Tibet heißt dieser Dharmapāla Peldenlhamo und ist die einzige weibliche Beschützerin oder Schutzherrin der Lehre. Śrīdevī ist eines der mächtigsten und zugleich furchterregendsten Wesen des lamaistischen Pantheons und stellt eine Verschmelzung alttibetischer Göttinnen mit der hinduistischen Göttin Kali dar[100] und kann als Spiegelbild menschlicher Leidenschaften angesehen werden. Peldenlhamo ist die Beschützerin der Dalai und der Panchen Lamas sowie der Stadt Lhasa.

Die dunkelblaue Farbe ihres Körpers weist auf ihre transzendente Weisheit hin[89] sowie auf ihre Zugehörigkeit zur Vajra-Familie (vajra-kula) deren Oberhaupt Akṣobhya ist. In drei ihrer bekannten machtvollen Erscheinungsformen reitet Śrīdevī über einen Blutsee. Das bedeutet, daß die „Göttin" stets in der Sphäre der Leerheit,[89] der wahren Wirklichkeit, weilt. Und in ihrer sechsarmigen, braunen Emanation hält sie in ihrer erhobenen Rechten eine Leiche. Sie drückt aus, daß die Beschützerin der Lehre ihr „Ego" und ihre „Feinde", die Dämonen und Geister (die Schwierigkeiten in sich selber) überwunden hat.[89] – Diese entstammen der früheren tibetischen Urreligion, dem Bon. – Über dem Haupt von Peldenlhamo ist ein Schirm aus Pfauenfedern zu sehen oder es sind nur drei von letzteren vorhanden. Sie beschützen Śrīdevī vor den drei geistigen Giften.[134] Und da ein Adept in der Meditation eins mit dem Aspekt des Buddha wird, über den er meditiert,[5] beschützt der Schirm aus Pfauenfedern über Śrīdevī auch die Adepten vor den Drei geistigen Giften und gibt ihnen damit Sicherheit.[89, 134] In ihrem braunen, sechsarmigen Aspekt hält Peldenlhamo in ihrer linken Hand eine Schleichkatze, Mungo oder Manguste, die Juwelen speit (Abb. 65 in meinem ersten Buch). Somit gibt sie den Adepten auch ihre geistigen Schätze (die ausgespienen Juwelen – Umkehrung: materiell/geistig),[45D] die zur Erleuchtung führen. Das stellt ein höheres, königliches Geben dar.[89]

Einige der zahlreichen Embleme ihrer machtvollen[75D] Erscheinungsformen lassen darauf schließen, daß Śrīdevī mit Yama und dem Totengericht in Verbindung stehen muß; denn sie hat ein Kerbholz hinter einer Schlange stecken, die sich um ihre Hüfte windet, und zwei rote Tafeln, in die Yama Todeszeichen geritzt haben soll. Bei ihnen befinden sich auch zwei Würfel an der Satteldecke, die die Lebenszeit bemessen.[134] Dann besitzt Śrīdevī auch noch einen Spiegel *(darpaṇa)*, in dem jeder seine karmischen Verunreinigungen erkennen kann und den oft das Reittier zwischen seinen Ohren trägt. Es besitzt auf seiner hinteren, linken Flanke ein drittes Auge, so daß das Tier in Vergangenheit, Gegenwart und Zukunft zu sehen vermag.[89] Eine Sonnenscheibe auf ihrem Bauchnabel symbolisiert „Methode" und „machtvolle Aspekte", während der Mond in ihrem Haar für „Weisheit" und „friedvolle Aspekte" steht.[157] Ferner gehören zu ihren Emblemen der machtvollen Erscheinungsformen noch ein Schwert, der Zauberdolch oder Dämonennagel Vajrakīla (tib.: *phurbu*), ein Skelett oder eine Leiche, eine juwelenspeiende Manguste, ein Stab mit einem Dreizack an der Spitze und andere. – Betrachtet man die Darstellungen der Śrīdevī genauer, dann wird einem bewußt, daß die „Göttin" in ihren machtvollen[75D] Aspekten an ihren Knöcheln mit einer Kette gefesselt ist. Das ruft Assoziationen hervor, wie „Behinderung", „Einengung" oder auch „gehemmt und nicht frei sein", also negative Zustände. Hier sei der frühere Hinweis erneut gestattet, daß sich die tibetisch-buddhistische Symbolik materieller Gegenstände bedient, um Geistiges zu verdeutlichen.[45D] Die Kette, die aus drei Gliedern besteht, veranschaulicht die Drei Grundübel, geistigen Gifte oder Wurzeln: Gier, Begierde [nach Macht und Besitz], das Verhaftetsein – Haß, Abneigung, Feindschaft und Unwissenheit, die Ichsucht. Sie hindern uns daran, zur Erleuchtung zu gelangen. Die Darstellung zeigt sehr realistisch, daß wir alles tun müssen, um die „Fessel" abzustreifen und insbesondere den Ichwahn zu überwinden, damit wir dereinst die Erleuchtung sowie das Nirvāṇa erreichen. – Man kann die Kette, die Śrīdevī trägt, aber auch noch aus einem anderen Blickwinkel betrachten. Sie drückt aus, daß Peldenlhamo die Drei Grundübel überwunden hat und freigeworden ist, das Mitgefühl mit allen fühlenden Wesen zu erlangen. Deshalb wird die Kette, die das veranschaulicht, im tibetischen Denken als ein Schmuckstück angesehen.[45D, 89]

Von Śrīdevī gibt es bei den machtvollen Aspekten Erscheinungsformen mit einem oder drei Köpfen sowie mit zwei, vier oder sechs Armen, während ihre friedvollen Emanationen nur einen Kopf und zwei Arme besitzen. Peldenlhamo wird in dieser Form sitzend dargestellt. Sie hat dann einen mit Wimpeln geschmückten Stab in ihrer Rechten und eine mit Juwelen gefüllte Schale[89] in ihrer Linken. Sie ist aber auch mit diesen Emblemen rittlings auf einem Pferd zu sehen, wobei sie meist über einem roten Gewand einen weißen Mantel mit einer blauen Borte trägt. – Śrīdevī wird vielfach auch in Begleitung der alttibetischen Göttinnen der vier Jahreszeiten abgebildet.

Begtse, das verborgene Panzerhemd (Abb. 38)

Von diesem Wesen, das sich „Beg-ce“ schreibt, ist in Sanskrit kein Name gebräuchlich. Ein Beiname von ihm „Lčam-sriṅ“ bedeutet „verborgenes Panzerhemd“. Hieraus ist zu erkennen, daß es sich bei ihm um einen Kriegsmann, einen Kriegsgott handelt, der unter seinem offenen Obergewand ein Panzerhemd trägt. Seine Füße stecken in mongolischen Reiterstiefeln, die er sich aus seiner zentralasiatischen Heimat mitgebracht zu haben scheint. Er ist von roter Statur und hat, wie alle Schützer der Lehre, ein furchterregendes Aussehen. Mit seiner Rechten schwingt Begtse ein Schwert, dessen Knauf zu einem Vajra oder einem Skorpion ausgeformt ist, und zerteilt die Wolken der Unwissenheit. Während er mit seiner Linken, wie eine der Erscheinungsformen des Mahākāla, das herausgerissene Herz eines Feindes der Religion zum Munde führt. Das verdeutlicht, wie wichtig es ist, die Drei Grundübel: Gier, Haß und Wahn oder Unwissenheit zu vernichten. In seiner linken Armbeuge hält Begtse neben einer Lanze Bogen und Pfeil aneinander gedrückt, die sein Kraftpotential veranschaulichen.[5] Die beiden zuletzt genannten Embleme sind ein Doppelsymbol der Gegensätze wie Tag und Nacht. Sie stehen hier für Methode und Weisheit.[82] Es ist zu erkennen, daß dieser Dharmapāla ein aktiver Beschützer der Lehre ist, dem sich viele Adepten geistig zuwenden. Hier zeigt sich, daß aus einem Kriegsmann ein kraftvoller, geistiger Verfechter für den Frieden und die Selbstreinigung wurde.

Auch Begtse hat zwei Begleiter, mit denen er meist gemeinsam dargestellt wird. Es ist dies einmal seine Schwester, eine nackte blaue, aber rotköpfige Frau auf einem Löwen und dann ein roter Krieger auf einem Wolf.

Hayagrīva, Pferdehals oder Pferdenacken (Abb. 36)

Tamdin, wie dieser Dharmpāla auf tibetisch heißt, ist durch einen oder drei Pferdeköpfe im Haar leicht zu erkennen. In ihm fließen wiederum verschiedene Kulturbereiche zusammen. Sein äußeres Erscheinungsbild stammt insbesondere aus dem Vedischen (Altindischen) und ist eine Form von Viṣṇu. Ferner dürfte Hayagrīva durch zentralasiatische (türkisch-mongolische) sowie tibetische Einflüsse geprägt sein.[101]

Der oder die Pferdeköpfe drücken aus, daß Hayagrīva ein sofortiges Bewußtwerden und Verstehen besitzt. Dieses läßt sich symbolisch mit einem Pferd vergleichen, das im Gegensatz zu einer Kuh, die wiederkäuen muß, sofort verdaut.[21] – Der oder die Pferdeköpfe des Hayagrīva werden in grüner Farbe dargestellt. Warum das so ist, darüber berichtet eine Mythe. Als Tamdin (im Buddhismus) die Stufe eines Bodhisattva erreicht hatte, wurde er stolz und hochmütig. Da griff der Ur-Buddha Vajradhara in seiner machtvollen Erscheinungsform als Vajrapāṇi ein, der ja der Träger des Diamantzepters ist, des Zepters geistiger Klarheit und der Hüter tiefster Mysterien sowie der Kämpfer gegen Verblendung. Er durchfuhr Hayagrīva von unten nach oben und durchstieß hierbei neben seinem geistigen Zentrum auch die Galle, deren Flüssigkeit beim Austritt den beziehungsweise die Pferdeköpfe grün färbte.[5]

Hayagrīva besitzt als Dharmapāla Bodhisattva-Rang, während er als Yi-dam (persönliches Initiationswesen) im Buddha-Rang steht. Der einköpfige Hayagrīva gilt als eine Emanation des Amitābha und der dreiköpfige als eine Erscheinungsform des Akṣobhya.[101] – Dieses in den Gedanken, im Geist entstandene Wesen wird besonders als Beschützer der Pferde verehrt.

Sitabrahmā, der Weiße Brahmā (Abb. 33)

Dieses Wesen mit dem tibetischen Namen Tsangspa Karpo verkörpert ein Orakel aus dem Raum Ganden. Seine Bedeutung ist schon daraus zu erkennen, daß es bei der Wiedergeburt eines Dalai oder Panchen Lamas befragt wird.[89] Bilder von ihm findet man deswegen am häufigsten in den Klöstern der Gelugpas. – Sitabrahmā wird für die lamaistische Form des hinduistischen Schöpfergottes Brahmā gehalten[83] und soll verschiedenen Quellen zufolge „sehr viel friedlicher" aussehen als der „Kriegsgott" Begtse.[83, 84] Sitabrahmā wird allgemein mit weißer Hautfarbe und mit einem roten Gewand dargestellt, über dem er einen weißen Mantel tragen soll, der mit einer blauen Borte versehen ist.[85] Die weiteren Angaben über seine Kleidung schwanken von der eines Bodhisattvas[84] bis zu der eines Kriegsmannes.[83] Weitgehende Übereinstimmung ist bei der Beschreibung seiner Kopfbedeckung zu finden, die aus einer turbanähnlichen Mütze besteht, die mitunter von einem weißen Schneckenhorn bekrönt wird;[85] es kann aber auch ganz offensichtlich ein Wunschjuwel sein. Der Weiße Brahmā reitet auf einem falben Pferd.[85, 86] Nach anderen Quellen kann es auch ein Drache[83, 84] oder ein Löwe sein, was durch seine verschiedenen Erscheinungsformen bedingt sein kann. Als Embleme werden ein Kristallschwert[87], ein Banner[83] und eine Vase mit dem Wasser der Langlebigkeit[83, 84] genannt; aber mitunter hat er auch eine mit Juwelen gefüllte Schale[89] in seiner Linken, was das dem Buch beigegebene Bild belegt, sowie auch andere. – Wenn eine zornvolle[5] Wesen in ihrem friedvollen Aspekt dargestellt ist, so ist sie oftmals nicht als solche zu erkennen. Sind zu ihren Füßen Opfergaben in einer Schädelschale dargebracht (Abb. 33), oder sollte die „Gottheit" von einer schmalen Flammenaura umgeben sein, so sind das hierfür sichtbare Zeichen.

Kubera und Jambhala (Abb. 37)

Kubera ist dem Leser bereits als Vaiśravaṇa, einer der vier Himmelskönige und Lokapāla, bekannt. Seine sich körperlich vorgestellte Gestalt ist wiederum dem Hinduismus entlehnt. Er wird mit gelber Hautfarbe, auf einem Lotosthron oder auf einem Schneelöwen sitzend, und mit seinen beiden Emblemen, dem Siegeszeichen (veranschaulicht durch die kostbare Spitze)[38D] oder Banner sowie mit einer Juwelen speienden Schleichkatze dargestellt. In der Allgemeinliteratur wird Kubera fälschlicherweise als „Reichtumsgott" bezeichnet. – Symbole sind aus tibetischer Sicht Zeichen, die „die Wechselbeziehung zwischen Innen und Außen, zwischen geistigen Aktivitäten und materiellen Erscheinungsformen“ veranschaulichen.[45D] So drückt das Siegeszeichen den „Sieg des Wissens über die Unwissenheit oder den Sieg über alle Hindernisse“ [Hindernisdämonen] aus.[92D] Und die ausgespienen Juwelen stellen Edelsteine, Wissen und geistige Kräfte, dar, die uns befähigen, die Erleuchtung zu erlangen. – Jambhala wird sehr ähnlich wie Kubera dargestellt. Nur hat er anstelle des Siegeszeichens eine Frucht in seiner Rechten, und sein rechter Fuß ruht auf einem Schneckenhorn.

Yama, das Sinnbild der Unwissenheit und des Todes (Abb. 40)

Schindsche *(gShin-rje)*, wie der Name dieses Geistwesens auf Tibetisch heißt, ist im tibetischen Buddhismus der Herr des Totenbereiches sowie der Totenrichter *(Dharmarāja)*. Die beiden werden in den Klöstern der reformierten Lehrrichtung, der Gelugpas, den Tugendhaften, dargestellt. – Nach einer Mythe soll Yama einstmals König von Vaishālī gewesen sein, der sich während eines blutigen Krieges gewünscht hatte, Herr der Hölle zu sein und dann als solcher wiedergeboren wurde.[93]

Yama wird in seiner bekanntesten Erscheinungsform – oft mit seiner Zwillingsschwester Yami – stehend und flammenumlodert auf einem Stier dargestellt, der mit einer unter ihm liegenden Frau neues Leben zeugt. Eine eindrucksvolle Veranschaulichung des Saṃsāra, des Kreislaufs von Geburt, Tod und Wiedergeburt,[5] der Scheinwelt, in der wir leben. – Yama kommt in allen fünf Körperfarben der Buddha-Familien vor. Seine wichtigsten Embleme sind: ein tantrischer Stab, eine stundenglasförmige Doppeltrommel *(ḍamaru)*, eine Fangschlinge *(pāśa)*, ein Schwert und andere. Von ihm ist auch eine friedvolle Emanation bekannt, die auf Tafel 78 meines ersten Buches zu sehen ist.

Yamāntaka, der Besieger des Todes (Abb. 41)

Auf tibetisch heißt dieses Wesen Schindsche Shepo *(gShin-rje-gshed-po)*. In Sanskrit sowie in Tibetisch bestehen beide Namen aus je zwei sinngemäß gleichlautenden Teilen. Das Wort Yamāntaka setzt sich aus dem uns bekannten Namen Yama und aus Antaka zusammen. Letzteres bedeutet Eroberer, Überwinder. Die Gestalt ist folglich der Überwinder des Todes.[94] „Shepo“ *(gshed-po)*, der zweite Teil des tibetischen Namens bedeutet „Beender“,[95] also ist dieser Aspekt des Buddha der Besieger des Schindsche oder Yamas. Folglich sagen die beiden Namen in den zwei unterschiedlichen Sprachen das Gleiche aus. Hier ist zu sehen, daß es sich um einen ganz außerordentlich wichtigen Aspekt des Erleuchteten handelt. Yamāntaka, die machtvolle Form des Mañjuśrī, veranschaulicht in seiner Verkörperung als Vajrabhairava die Kräfte und Anstrengungen, die erforderlich sind, Yama, das Sinnbild für den Kreislauf von Geburt, Tod und Wiedergeburt *(saṃsāra)*, zu überwinden, damit wir dereinst das Nirvāṇa erreichen. Das kann jedoch nur geschehen,

Die vier Lokapālas auf der Veranda vor dem Tempel

24 Virūḍhaka (Süden)

25 Dhṛtarāṣṭra (Osten)

26 Virūpākṣa (Westen)

27 Vaiśravaṇa (Norden)

wenn wir gelernt haben, die Drei Grundübel Gier, Haß und Wahn, den Ich-Wahn, zu überwinden und das große Mitempfinden und Mitleiden *(mahākarūṇā)* mit allen fühlenden Wesen auszuüben. – Vajrabhairava wird meist mit schwarzblauer Hautfarbe, neun Köpfen, vierunddreißig Armen und sechzehn Beinen in Yab-yum, das heißt, in enger Umarmung mit seiner Prajñā, seiner mystischen Partnerin, dargestellt und besitzt in der Mitte der unteren Reihe einen Stierkopf. Jedoch thront oben über allem Furchterregenden das friedvolle Haupt des geistigen Vaters dieses Wesens, des Mañjuśrī, des Bodhisattvas der Weisheit. Yamāntaka gilt bei den Gelugpas auch als Befreier von allem Bösen. Deswegen finden in den Klöstern der „Gelbmützen" alle vierzehn Tage Yamāntaka-Rituale zur Bereinigung aller Verstöße gegen das Gelübde und die tantrischen Übungen statt.

Mañjuśrī-Yamāntaka (Abb. 42)

Aus dem Namen dieses Aspektes des Buddha kann geschlossen werden, daß er ganz offensichtlich bei der „Schule der Alten", den Nyingmapas, sowie bei den Kagyüpas die gleiche Bedeutung wie Yamāntaka bei der Lehrrichtung der Gelugpas besitzt. Sie wird dadurch unterstrichen, daß es in einem Kloster der Kagyüpas (Kloster Hemis/Ladakh) gleich drei Tempel gibt, die jeder ein Wandbild von ihm besitzen. – Mañjuśrī-Yamāntaka wird mit dunkelblauer Hautfarbe, sechs Armen, machtvoll und flammenumlodert in Yab-yum und mit den Flügeln des Garuda dargestellt. Seine Embleme sind: das Rad der Lehre *(dharmacakra)*, ein Schwert *(khaḍga)*, das Diamantzepter *(vajra)*, eine Fangschlinge *(pāśa)* und eine Keule, mit der in einem Ritual mit einem Schlag auf einen Stab (ein Attribut des Bing-Mahākāla) die bösen Geister,[89] die Schwierigkeiten in uns, vernichtet werden[75D].

Weitere Schützer der Lehre

Mahāpañcarājas, die fünf großen Könige (Abb. 39)

Diese Wächter sind vergöttlichte Heroen, die ihren Weg aus der tibetischen Urreligion in die lamaistische Geisteswelt und damit auch in ihre Ikonographie gefunden haben. Die Kleidung und insbesondere ihre Stiefel lassen die zentralasiatische Herkunft erkennen.[96] Als Padmasambhava das erste buddhistische Kloster in Tibet, das Kloster Samye, bauen wollte, soll er von ihnen das Gelöbnis erhalten haben,[96] daß sie fortan die neue Religion beschützen wollen. Deswegen nennt man sie noch heute: „die ein Gelöbnis haben" (tib.: *dam-can*). Die fünf großen Könige werden als Brüder angesehen. Sie haben ein machtvolles Aussehen mit einem dritten vertikalen Auge auf der Stirn. Sie sind leicht an ihren flachen, breitkrempigen Hüten zu erkennen, die von einem Diamantzepter *(vajra)* bekrönt werden. Die Mahāpañcarājas werden meist gemeinsam dargestellt, wobei dann Pehar, der als ihr Haupt angesehen wird, im Zentrum der Abbildung zu finden ist. Seine Hautfarbe ist weiß, sein rechtes Gesicht blau, sein mittleres weiß und sein linkes hochrot. In seinen sechs Händen hält er verschiedene Embleme. Am augenfälligsten ist sein gespannter Bogen mit dem aufgelegten Pfeil. Diese Anordnung drückt aus, daß sich Pehar in voller Konzentration und Möglichkeit des Schießens auf sein Ziel befindet.[2] Bogen und Pfeil sind ferner ein Zwillingssymbol und drücken Methode und Weisheit aus. Ein Zwillings- oder Doppelsymbol veranschaulicht aber auch die Einheit der Gegensätze, wie Tag und Nacht – Mann und Frau sowie die Zusammengehörigkeit der absoluten und der relativen Wahrheit.[82] – Pehar, der auf einem grünmähnigen Schneelöwen reitet, ist der Beschützer des tibetischen Staatsorakels in gNaschung. Seine vier Brüder werden mit blauer oder roter Hautfarbe dargestellt. Sie reiten auf einem Elefanten, einem Schneelöwen, einem Pferd oder Maultier.

Im tibetischen Raum gibt es darüber hinaus noch zahlreiche weitere Geistwesen, die als Wächter der Lehre fungieren. Viele von ihnen wurden – gleich den soeben behandelten fünf großen Königen – von Padmasambhava bezwungen, zum Buddhismus bekehrt, durch Eid gebunden *(damcan)* und zu Wächtern der Lehre gemacht. Hierbei handelt es sich größtenteils um lokale Gottheiten des Landes, auf die hier nicht eingegangen werden kann.

Buddhas

Buddha Śākyamuni, der historische Buddha (Abb. 43–46 u. 106)

Er ist der Buddha des jetzigen Weltzeitalters. Von ihm hat es in früheren Epochen Vorgänger gegeben (sechs Namen werden genannt), wie es auch in künftigen Weltzeitaltern weitere geben wird. Maitreya ist der Buddha des nächsten Weltzeitalters, der jetzt schon als Bodhisattva im Tuṣita-Himmel weilt. – Buddha Śākyamuni ist „der Weise aus dem Geschlecht der Sakyas“, der durch seine Erleuchtung „ein Erwachter“ sowie ein Tathāgata, ein Vollendeter, wurde. Anfänglich wurde er gar nicht und später nur indirekt durch den Abdruck seiner Füße oder symbolisch als Baum oder auch durch einen Thron[2] dargestellt. Erst in späterer Zeit schuf man Bilder von ihm. Stets ist er – bis auf frühe Darstellungen – als Mönch gekleidet, hat eine natürliche (meist etwas gelbliche) oder auch goldene Hautfarbe, besitzt kurzes gekräuseltes Haar, das zum Zeichen seiner Erleuchtung meist tiefblau ist,[89] und sitzt oder steht auf einem Lotosthron.

Nach der Legende hat sich der Buddha, als er in die Hauslosigkeit ging, sein Haar mit dem Schwert abgeschnitten, und es soll daraufhin nicht mehr nachgewachsen sein. Das hat der Buddha jedoch nicht getan, sondern er hat es sich zu einem eindrucksvollen Haarknoten auf seinem Kopf aufgetürmt.[30]

Buddha Śākyamuni erlangte in tiefer Meditation unter einem Pipalbaum, der heute auch als Bodhibaum (Bodhi = Erleuchtung) bezeichnet wird, seine Erleuchtung. Er erkannte die Vergänglichkeit der irdischen Welt, den Kreislauf

Dharmapāla, die Beschützer der Lehre

28 Der sechsarmige Sadbhuja-Mahākāla, der auf dem Hindernisse schaffenden Dämon Vināyaka steht

29 Cintamāṇi-Mahākāla, der das Wunschjuwel vor seine Brust hält

30 Brāhmaṇarupa, eine Erscheinungsform des Mahākāla

31 Der sechsarmige Bing-Mahākāla. Die tibetische Bildbeschriftung lautet: „Mahākāla der größte aller Dharma-Beschützer“

32 Krähenköpfiger Mahākāla mit den Flügeln des Garuḍa

33 Sitabrahmā, der Weiße Brahmā

von Geburt, Tod und Wiedergeburt, die Ursachen des Leidens auf dieser Welt und den Pfad, der zur Erlösung, dem Entweichen aus diesem Kreislauf der Wiedergeburten hinausführt. Den Kern seiner Lehre stellen die „Vier Edlen Wahrheiten“ dar. Die erste stellt fest: das Leben ist Leiden, Geburt, Alter, Krankheit, Tod. Die Edle Wahrheit vom Leiden. – Durch Begehren oder Durst sowie durch Gier, Haß, Unwissenheit oder Wahn, den Ich-Wahn, entsteht Leiden: Die Edle Wahrheit von der Leidens-Entstehung. – Durch die völlige Aufhebung des Begehrens und der Beseitigung von Gier, Haß und Unwissenheit wird dem Leiden ein Ende gesetzt: Die Edle Wahrheit von der Leidens-Erlösung. – Und als letztes, daß wir durch den Achtfachen Pfad der Tugend und Selbstzucht dem Leiden entrinnen können: Die Edle Wahrheit von dem zur Leidens-Erlösung führenden Pfad. – Der „Achtfache Pfad der Tugend“ teilt sich wiederum in drei Gruppen. Zur Weisheit gehören: die rechte Erkenntnis und die rechte Gesinnung – zur Zucht: die rechte Rede, das rechte Tun und der rechte Lebensunterhalt und schließlich zur letzten Gruppe der Meditation: die rechte Anstrengung, die rechte Achtsamkeit und die rechte Sammlung. – Die Erkenntnis seiner Erleuchtung wollte der Buddha zunächst für sich behalten, doch dann entschloß er sich auf Bitten des Gottes Brahmā, das Rad der Lehre mit seiner ersten Lehrrede in Bewegung zu setzen. Darauf ist der Buddha aus Mitleid zu dieser Welt Jahrzehnte lehrend durch das Land gezogen, bis er etwa 480 v. Chr. ins Parinirvāṇa eingegangen ist. Seine Asche wurde in acht Hügelgräbern (Stūpas) beigesetzt. – Wie acht nebeneinander und in einer Reihe stehende Tschörten an Stationen aus dem Leben des Erleuchteten erinnern, so hat sich auch die bildende Kunst dieses Themas angenommen. Sie reichen vom Herabstieg des Buddha aus dem Himmel der Götter bis zu seinem Eingehen ins Nirvāṇa.

Der Ur- oder Ādi-Buddha (Abb. 47 u. 48)

Dieser Buddha ist die Personifizierung der immer bestehenden Buddhaschaft in allen Daseinsbereichen, was ist. Er ist das Symbol der immer gegenwärtigen Potentialität der Erleuchtung und Befreiung.[2] Von ihm gibt es drei verschiedene Erscheinungsformen, je nachdem, welcher Aspekt oder Blickwinkel von ihm im Vordergrund steht. Dementsprechend hat er auch drei verschiedene Namen.

Außer den zwei Formen des Ur-Buddha, die hier behandelt werden, gibt es in der tantrischen Literatur einen sehr viel früher genannten Ādi-Buddha (Skt.), Mahāvairocana. Dieser wurde als Svayambhunath (der selbsterstandene Herr) bei Katmandu schon sehr früh verehrt und steht heute im Zentrum der japanischen Shingon-Schule, im tibetischen Raum findet man ihn nicht.[2] Darüber hinaus soll[124] (?) mitunter auch Vajrasattva, der in diesem Buch als reinigender Bodhisattva behandelt wird, als Ur- oder Ādi-Buddha verehrt werden.[104]

Werden die Buddhas mit einer fünfzackigen Krone dargestellt, so drückt sie die fünf Weisheiten aus.

Vajradhara, der Halter des Diamantzepters (Abb. 47)

Dieser Aspekt des Buddha verkörpert die Aufhebung und Beseitigung der Gegensätze und Polaritäten, was auch in letzter Konsequenz das zum Stillstandkommen des Kreislaufes des Wiedergeborenwerdens ausdrückt. Vajradhara sitzt fürstlich gekleidet und geschmückt im Lotossitz oder in Diamanthaltung auf einem Lotosthron – zum Teil auch in enger Umarmung mit seiner mystischen Partnerin. Seine Hautfarbe ist weiß oder dunkelblau. In seiner rechten Hand hält er das Zepter der diamantklaren Wahrheit *(vajra)*, ein männliches Symbol, vor die linke Hälfte seiner Brust, die als weiblich angesehen wird. Mit seiner linken führt er dagegen die Glocke *(ghaṇṭā)*, die Stimme des Dharma, die als ein weibliches Emblem gilt, vor die männliche, rechte Seite seiner Brust, so daß sich die Handgelenke überkreuzen. Vajradhara wird besonders von der Lehrrichtung der Kagyüpas verehrt, die ihren geistigen Ursprung auf ihn zurückführt.

Samantabhadra, der Allumfassende Gute oder der Ringsum Segensreiche (Abb. 48)

Der Ur- oder Ādi-Buddha wird in dieser Erscheinungsform von all denjenigen verehrt, die die Lehre darlegen. Er verkörpert die Weisheit der Wesensgleichheit, die Einheit von Gleich- und Verschiedenheit. – Er wird stets völlig nackt und mit der dunkelblauen Hautfarbe, der Farbe der transzendenten Weisheit *(dharmadhātu)*, des Ursprunges aller Bewußtheit des Raumes[97] sowie meistens in Yab-yum mit seiner weißen Prajñā dargestellt. Die weiße Farbe ihres Körpers drückt ihre absolute Reinheit aus, und daß sie unbekleidet ist, ist ein Zeichen ihrer unverhüllten Wahrheit, die identisch ist mit der Weisheit und Leere *(śūnyatā)*.[5]

Die fünf Dhyāni-Buddhas oder Jinas (Abb. 49–51)

Den Begriff „Dhyāni-Buddha“ gibt es weder im Sanskrit, noch kommt er im tibetischen Schrifttum vor. Er wurde erst vor etwa hundert Jahren von abendländischen Gelehrten geprägt. Er besagt, daß es sich bei ihm um fünf transzendente Buddhas handelt, die in meditativer Schauung *(dhyāni)* erfahren werden und dem Sambhogakāya angehören. In der Sanskrit-Literatur nennt man sie Tathāgatas. Sie stellen jeweils einen Aspekt der Erleuchtungsweisheit des Buddha dar. – Doch der oben genannte Begriff „Jina“ bedarf auch noch der Klärung. Ihm sind wir schon bei den Glückssymbolen begegnet. Als „Sieger“ werden die Überwinder aller Illusionen und geistigen Hindernisse (Schleier) verstanden,[39D] ohne deren Überwindung die Erleuchtung nicht zu erringen ist.

Jeder der fünf Dhyāni-Buddhas ist das Oberhaupt einer Buddha-Familie *(kula)* und versinnbildlicht zugleich einen Skanda, eine Gruppe der Anhaftungen. Ferner symbolisiert jeder Tathāgata ein bedeutendes Ereignis im Leben des Buddha Śākyamuni, was erkennbar wird, wenn man sie meditativ in der Reihenfolge betrachtet, wie man ein Maṇḍala vom Osten her, also bei Akṣobhya beginnend, geistig rechtsdrehend umwandelt. **Akṣobhya** (blau) führt

34 Eine friedvolle Emanation der Śrīdevī

35 Die vierarmige und machtvolle Erscheinungsform der Śrīdevī

36 Der einköpfige und zweiarmige Hayagrīva mit einem Pferdekopf in Haar

37 Jambhala

38 Begtse, das verborgene Panzerhemd, der gleich dem Maning-Mahākāla ein herausgerissenes Herz zum Munde führt um es aufzuessen. Erklärung S. 58

39 Mahāpañcarājas, die fünf großen Könige, die Schützer des Orakels von Naschung

die symbolische Hand- und Fingerhaltung (mudrā) der Erdanrufung aus. Sie erinnert daran, daß der Buddha, nachdem er die Erleuchtung erlangt hatte, mit dieser Geste die Erde angerufen hatte, dies zu bezeugen, da Māra – der große Versucher und Hinderer allen Fortschritts – die Erleuchtung des Buddha in Zweifel zog, er habe für sie keine Zeugen.[2] **Ratnasambhava** (gelb) hat die gesenkte rechte Hand so gedreht, daß jetzt ihr Handteller zum Beschauer gewandt ist. Es ist die Mudrā des Gebens, er gibt uns den Dharma (die Lehre). – **Amitābha** (rot) hat die Hände zur Meditation zusammengelegt. Sie veranschaulichen die Verinnerlichung. – **Amoghasiddhi** (nachtgrün) ist mit erhobener rechter Hand zu sehen, die wiederum zum Beschauer hin offen ist und die Mudrā der Furchtlosigkeit darstellt. Wir sollen uns weder vor dem Weg, den wir zu gehen haben, noch vor der späteren Wandlung (dem Tod) fürchten. – **Vairocana** (weiß) führt im Zentrum mit beiden Händen die symbolische Hand- und Fingerhaltung des Lehrens, des Drehens des Rades der Lehre, aus.

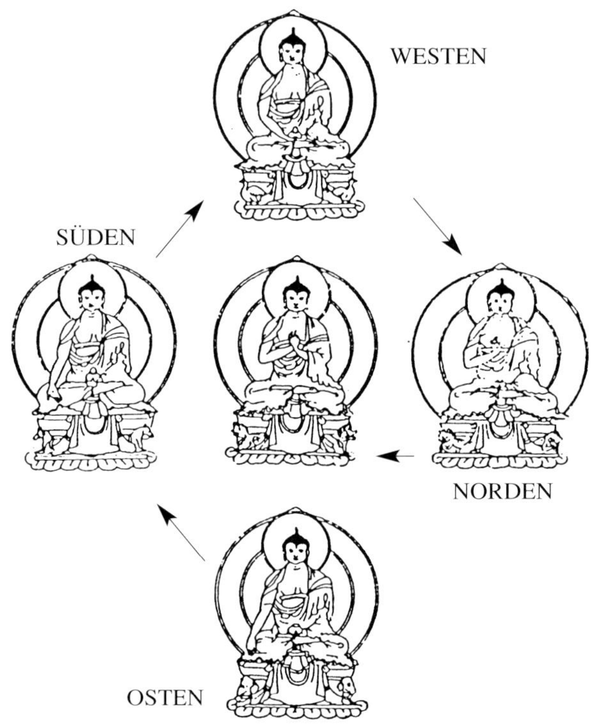

Akṣobhya, der Unerschütterliche, verkörpert die reflexive Weisheit. Er wird *zeitweilig* mit seinem „Familienemblem", dem Vajra, dargestellt. Bei den folgenden vier Dhyāni-Buddhas werden sie deshalb nur in Klammern gesetzt angegeben. Das Reit- oder Throntier des Akṣobhya ist der Elefant. – Ratnasambhava, der Juwelengeborene (Ratna = Juwel), veranschaulicht die synthetische Weisheit, und sein Reittier ist das Pferd. – Amitābha, das unermeßliche Licht, personifiziert die analytische Weisheit (der Lotos), und sein Throntier ist der Pfau. – Amoghasiddhi, der sein Ziel unbeirrt verwirklicht, steht für die aktive, durch die Kraft der Liebe und des Mitleids alles vollendende Weisheit (der viśvavajra), und sein Reittier ist der Garuda. – Vairocana, der Sonnengleiche, symbolisiert die alles vollendende und transzendente Weisheit und verkörpert damit die Leere, die wahre Wirklichkeit (śūnyatā), (das Rad der Lehre). Sein Throntier ist der Löwe.

Alle Dhyāni-Buddhas werden – wenn sie ohne ihre mystische Partnerin, Prajñā oder Ḍākinī dargestellt werden – schlicht in Mönchsgewändern abgebildet. Sind sie aber in Yab-yum zu sehen, dann sind sie fürstlich gekleidet und geschmückt.[104]

Es ist noch anzufügen, daß es von Amitābha einen Reflex, eine gekrönte und geschmückte Erscheinungsform, **Amitāyus**, das unermeßliche Leben, gibt. Er wird wie Amitābha mit roter Hautfarbe und stets ohne seine Prajñā oder Ḍākinī dargestellt. Dennoch ist von ihm ein Bild mit seiner Yum im altindischen Stil und mit einem unverkennbaren Boneinschlag bekannt (Abb. 54, S. 84). Im Gegensatz zu Amitābha hat Amitāyus in seinen zur Meditation zusammengelegten Händen eine kleine Vase *(kalaśa)* mit dem Wasser der Todlosigkeit *(amṛta)*. Wegen dieses Emblems wird er gerne mit der Weißen Tārā und der Uṣṇīṣavijayā zu einer Triade der Drei Gottheiten (wie man sagt) des langen Lebens vereint. Amitāyus mahnt uns, das Wasser der Langlebig- oder Todlosigkeit in unserem geistigen Leib entstehen zu lassen.

Die Herukas, die machtvollen Bluttrinker (Abb. 55–57)

Bei der Schule oder Lehrrichtung der Nyinmapa, der Schule der Alten, und der der Digung Kagyüpa gibt es von den Dhyāni-Buddhas machtvolle Aspekte. Sie erscheinen dem Verstorbenen im Bardo vom 8. bis zum 12. Tag im dritten Stadium in Yab-yum. Sie sind ein Ausdruck für die Illusion der karmischen Welt und werden im Tibetischen Totenbuch genau beschrieben.[102] Hier sei daran erinnert, daß der Buddhismus davon ausgeht, daß sich der Mensch in den ersten neunundvierzig Tagen nach seinem Tod im Bardo, einem Zwischenzustand, befindet, bis seine erneute Wiederverkörperung erfolgt. In dieser Zeit nimmt sein Bewußtsein zahlreiche Wesen im friedvollen wie auch im machtvollen Aspekt wahr. Zu ihnen gehören die flammenumloderten Herukas, die alle seinem eigenen Hirn entspringen. Sie sind als „Führer auf dem lichtvollen Pfad" der fünf Weisheiten zu verstehen, die mit den Flügeln des Vogels Garuḍa versehen sind und magische Erscheinungen darstellen, die die Macht besitzen, das Böse zu überwinden.[103]

Die Herukas der fünf Dhyāni-Buddhas besitzen ein machtvolles Aussehen und haben drei Köpfe, auf denen sie Schädelkronen tragen, sowie vier Beine. Ihr rechter Kopf ist immer weiß, der mittlere hat die Farbe ihres Körpers und der linke ist stets rot. Als erster Heruka erscheint dem Verstorbenen am 8. Tag im dritten Stadium der große glorreiche Buddha-Heruka, der machtvolle Aspekt des weißen friedvollen Vairocana. **Buddha-Heruka** (Abb. 55, S. 85) ist von brauner Gestalt und hält in seinen rechten Händen (immer von oben nach unten): das Rad der Lehre *(dharmacakra)*, eine tantrische Axt *(paraśu)* und ein Schwert *(khaḍga)*; und in seinen linken: eine Pflugschar, eine Schädelschale *(kapāla)* und eine Glocke *(ghaṇṭā)*.

Der nächste machtvolle Bluttrinker ist der Heruka des Diamantzepters, der blaue **Vajra-Heruka**, eine Erscheinungsform des Akṣobhya. Seine Embleme sind: das Diamantzepter, der Vajra, eine Schädelschale, eine tantrische Axt – eine weitere Schädelschale, eine Pflugschar und eine Glocke. – Nun folgt der Heruka

40 Yama, der Herr des Totenbereichs, der (meist mit seiner Zwillingsschwester Yamī) auf einem Stier steht, der wiederum mit einer unter ihm liegenden Frau neues Leben zeugt. – Ein Sinnbild für den Kreislauf von Tod und Wiedergeburt.

41 Vajabhairava eine Emanation des Yamāntaka, in der er den Tod besiegt hat. Auf seiner „Kopfpyramide" ist zuoberst der Kopf seines geistigen Vaters, des Mañjuśrī, zu sehen

42 Mañjuśrī-Yamāntaka mit den Flügeln des Garuḍa

Buddhas

43 Darstellung der Geburt des Buddha, der aus der rechten Seite seiner Mutter austrat und gleich sieben Schritte in jede Himmelsrichtung zu gehen vermochte

44 Der Prinz Siddhārtha Gautama war ein ausgezeichneter Ringer. Hier trägt er gerade wieder einen Sieg davon

45 Buddha Śākyamuni

des Juwels, der gelbe **Ratna-Heruka**, die machtvolle Form des Dhyāni-Buddha Ratnasambhava. Bei ihm sind die folgenden Embleme zu sehen: ein Juwel, ein Dreizack, eine Keule – eine Schädelschale, ein weiterer Dreizack sowie eine Glocke. – Dann erscheint dem Verstorbenen der Heruka des Lotos, der rote **Padma-Heruka** (Abb. 56, S. 85), der machtvolle Aspekt des Dhyāni-Buddha Amitābha. Seine Embleme sind: eine Lotosblüte, ein Dreizack, eine Keule – eine Schädelschale, eine Doppeltrommel und eine Glocke. – Am 12. Tag im dritten Stadium erscheint dem Verstorbenen als letzter der Herukas der grüne Heruka der Ursachenkette, der **Karma-Heruka**. Er ist die machtvolle Erscheinungsform des Amoghasiddhi. Bei ihm sieht man die folgenden Embleme: ein Schwert, einen Dreizack, eine Keule – eine Schädelschale, eine Pflugschar und eine Glocke. In meinem ersten Buch ist auf Tafel 74 ein ganzseitiges Farbbild von ihm zu sehen.

Außer den fünf Heruka-Formen der Dhyāni-Buddhas gibt es bei der „Schule der Alten“, den Nyinmapas, auch von dem Ur- oder Ādi-Buddha Samantabhadra verschiedene Heruka-Formen in Yab-yum (Abb. 57, S. 85). Sie reichen von einer einköpfigen, zweiarmigen, blauen Erscheinungeform mit den Flügeln des Garuḍa bis zu einer neunköpfigen und achtzehnarmigen braunen Emanation.

Die reinigenden Buddhas (Abb. 60)

Diese fünfunddreißig Buddhas gehören zu dem Kreis der „Tausend Buddhas“, deren Bilder an den Wänden der Haupttempel in den Klöstern zu finden sind. In der landläufigen Literatur werden diese Wesen gerne als die „Buddhas der Sündenvergebung“ bezeichnet. Hierzu muß zum einen gesagt werden, daß es im Buddhismus keine „Sünden“ gibt und zum anderen, daß jeder Mensch die „Verunreinigungen“ seines Karma, die durch sein „Fehlverhalten“ oder seine Fehler, die ihm unterlaufen sind, **selbst** durch positives Handeln oder gute Taten ausgleichen, kompensieren muß. – Es ist bekannt, daß die guten, wie aber auch die schlechten Taten eines Menschen ihren Ursprung in seinem Denken, in seinen Gedanken haben. Deswegen ist es erforderlich, die eigene geistige Sphäre in gewissen Abständen zu reinigen. Das geschieht, wenn mit der richtigen Einstellung die Namen der fünfunddreißig reinigenden Buddhas eine Zeitlang immer wieder rezitiert werden, bis der betreffende Mensch wieder richtig zu denken, zu reden und zu handeln vermag. Die Allgegenwärtigkeit der Buddha-Kraft dieser Buddhas wird durch ihre Anzahl Fünfunddreißig sowie durch ihre Anordnung im Maṇḍala – in den vier Weltrichtungen, den Nebenrichtungen sowie im Zenit und im Nadir – ausgedrückt.[105]

Alle reinigenden Buddhas sind wie Buddha Śākyamuni als Mönche gekleidet und halten die Hände zu unterschiedlichen Mudrās geformt; fünf von ihnen haben Embleme in Händen. Ihre Haut wird in verschiedenen lichten Farben dargestellt, so daß von ihnen mitunter vereinfachend von den „Regenbogen-Buddhas“ gesprochen wird.

Die heilenden Buddhas (Abb. 58 u. 59)

Der Buddha ist nicht nur der große Lehrer, sondern er ist auch der große Heiler, ein Heiland, einer der alles »heil« und »ganz« macht.[106]

Es ist bekannt, daß vielfach Erkrankungen, wie zum Beispiel die des Magens, auf seelische Belastungen zurückzuführen sind. Deshalb setzt die buddhistische Heilkunde gegebenenfalls auch hier ein. Sie ist bemüht, den Erkrankten wieder mit sich in Einklang zu bringen. Im übrigen werden in der buddhistischen Heilkunde, wie seit altersher nur Naturheilmittel zur Behandlung verwendet.

Der oberste der acht heilenden Buddhas, der auch als einziger von ihnen allein dargestellt wird, ist der Bhaiṣajyaguru, der „Medizinmeister“, der auch als „König des beryllfarbenen oder Lapislazulilichtes“ bezeichnet wird. Er hat eine dunkelblaue Hautfarbe und sitzt in aufrechter Haltung auf einem Lotosthron und hat in seiner rechten, zur Erde gerichteten und zum Geben geöffneten Hand, einen blühenden Zweig der Myrobalan, einer Heilpflanze – oder deren Frucht. In seiner anderen Hand hält er die Almosenschale. – Die anderen heilenden Buddhas werden wie die zuvor behandelten reinigender Buddhas schlicht in Mönchsgewändern und mit unterschiedlichen Körperfarben abgebildet.

Bei der Behandlung des Dharmapāla Mahākāla wurde die Anzahl seiner Erscheinungsformen, wie sie in der landläufigen Literatur zu finden ist, mit 75 angegeben, aber es wird nur über einen kleinen Teil von ihnen gesprochen. Hier zeigt sich, wie wenige der vorhandenen Aspekte des Buddha aus dem tibetischen Raum allgemein bekannt sind. Auch von dem höchsten Heiler, dem Medizinmeister, gibt es noch weitere Emanationen, die nur in irgendwelchen Fachbüchern ein Schattendasein führen. Auf eine von ihnen muß hier noch kurz eingegangen werden, da sie einen hochinteressanten und wichtigen Aspekt des Bhaiṣajyaguru darstellt. Er wird hier als „geistiger Heiler“ gezeigt, der den Unwissenden von den drei geistigen „Krankheiten“, der Gier, dem Haß und der Unwissenheit oder dem Wahn, dem Ich-Wahn, heilt, um ihn auf den Weg zur Erlösung zu führen. Dieser Aspekt des Buddha hat anstelle einer Heilpflanze oder deren Frucht nunmehr das Wunschjuwel *(cintāmaṇi)* in seiner erhobenen rechten Hand. Ein Sinnbild für den Wunsch, selber einmal die eigene Erleuchtung zu erlangen. Er läßt uns erkennen, was wir tun müssen, damit wir auf den richtigen Weg, den „Achtfachen Pfad der Tugend“, gelangen, der zur Erlösung, zur Erleuchtung führt. Das Wunschjuwel wird uns ferner helfen, die sechs Tugenden *(pāramitās)** zu erlernen sowie das große Mitgefühl mit allen fühlenden Wesen zu entwickeln, damit wir „an das andere Ufer gelangen“. Da ein Lernen oder eine Weiterentwicklung

---

* Sie sind: die Tugenden des Gebens *(dāna)* – des ethischen Wandels *(sīla)* – der Geduld und Ausdauer des Bemühens, auf dem Pfade fortzuschreiten und das Notwendige zu tun *(kśānti)* – der Energiekonzentration *(vīrya)* – der Verinnerlichung und Schauung *(dhyāna)* sowie die transzendente und transzendierende Weisheit *(prajñāpāramitā)*.[107]

46 Buddhas dreier Weltzeitalter, es stehen: Buddha Kanakamuni für ein vergangenes, Buddha Śākuamuni für das jetzige und Maitreya für das nächstkommende Weltzeitalter (von links nach rechts)

47 Der Ādi-Buddha Vajradhara versinnbildlicht die Aufhebung der Polaritäten und damit auch das Ende des ewigen Kreislaufs von Geburt, Tod und Wiedergeburt

48 Der Ādi-Buddha Samantabhadra, der unendlich Gute, wird von all denjenigen verehrt, die die Lehre darlegen

Die Dhyāni-Buddhas oder Tathāgatas

49 Akṣobhya, der Unerschütterliche

50 Ratnasambhava, der Juwelengeborene

51 Amitābha, das unermeßliche Licht und der Herr des „Westlichen Paradieses“

ohne ein ständiges Kontrollieren, eine Überprüfung auf etwaige Fehler nicht möglich ist, hat der „Herr der Medizin“ oder der „Heilmittel“ in der anderen Hand einen Spiegel *(darpaṇa)*. Er hält ihn uns nicht vor, wie es der Totenrichter (Dharmarāja) tut, sondern er hält ihn an seine Hüfte. In dem Spiegel kann jeder seine karmischen Befleckungen oder Verunreinigungen *(kleśas)* erkennen und ist damit in der Lage, sein Denken, sein Reden sowie sein Tun und Handeln zu überprüfen und seine Kleśas durch gute Taten zu neutralisieren.

Personifizierung von Lehrsystemen

Gleich wie im Laufe der Jahrhunderte in der tibetischen Form des Buddhismus zahlreiche Aspekte des Erleuchteten durch in den Gedanken geschaffene und optisch darstellbare Wesen Eingang in den Buddhismus gefunden haben, so wurden auch Lehrsysteme in ihm veranschaulicht, versinnbildlicht. Ihre Darstellungen erfolgen zum einen in Yab-yum – die Aufhebung der Polaritäten symbolisierend – und zum anderen als Ausdruck ihrer geistigen Kräfte flammenumlodert und (fast immer) im machtvollen Aspekt.[75D] – Allen diesen Erscheinungsformen ist gemein, daß sie ihre Hauptarme mit den in Händen gehaltenen Emblemen, – wie der Ur- oder Ādi-Buddha Vajradhara – hinter dem Rücken der sie umarmenden Prajñā oder Ḍākinī an den Handgelenken überkreuzen. So kommt der als männlich angesehene Vajra auf die linke, weibliche, und die weibliche Glocke auf die männliche Seite (wiederum Aufhebung der Polaritäten).

Guhyasamāja, der Herr der Geheimnisse

Dieses Lehrsystem stellt ein frühes Vater-tantra (*tantra*, Skt.: Lehrsystem) dar, dessen Niederschrift bis ins 4. Jh. unserer Zeitrechnung zurückreicht.[112] Es wurde laut dem Historiker Tāranātha 300 Jahre geheimgehalten und nur mündlich weitergegeben, bis es indische Siddhas (Personen, die übernatürliche Fähigkeiten, *„siddhi“*, erlangt haben) der Öffentlichkeit zugänglich gemacht haben.[108] – In seinen Haupthänden ist bei Guhyasamāja das Diamantzepter sowie die Glocke zu sehen. In seinen weiteren vier Händen hält er das Rad der Lehre und das Wunschjuwel sowie eine vollerblühte Lotosblüte und ein Schwert. Bei seiner Ḍākinī sind die gleichen Embleme oder Attribute spiegelgleich zu finden.

Hevajra (Abb. 61)

Er verkörpert einen Ritualtext aus dem 13. Jahrhundert. Kye Dordsche *(kye-rdorje)*, wie er auf tibetisch heißt, gilt als eine Manifestation des Dhyāni-Buddha Akṣobhya.[109] Hevajra stellt gleich Śrīcakrasaṃvara, Kālacakra und anderen eine Heruka-Form dar. Das heißt, Hevajra ist ein Bodhisattva im Durchbruch zur Erleuchtung.[2] Das Wesen ist ferner auch ein Yi-dam (tib.: fester Geist).[110] Das Wort besteht aus zwei Teilen; zum einen aus Bewußtsein und zum anderen aus Schutz. So stellt ein Yi-dam einen individuellen Schutz für das Bewußtsein eines

Adepten dar.[117] Die weibliche Entsprechung des Hevajra oder seine Prajñā ist die Ḍākinī Nairātmā, deren Name „Freisein von Ichheit“ bedeutet. Kye Dordsche verkörpert mit seiner Yum (tib.: Frau) nicht nur die Aufhebung der Gegensätze, sondern auch dem Tantra gemäß speziell die Vereinigung von Saṃsāra, dem Kreislauf von Geburt, Tod und Wiedergeburt und dem Nirvāṇa, dem Stillstand des Rades der Wiedergeburten, dem Verlöschen.[109]

Hevajra wird stets flammenumlodert mit blauer Gestalt und im links ausfallenden Seitenschritt auf Hindugöttern stehend dargestellt, die als Māras gelten.[111] Er und seine Ḍākinī tragen Schädelkronen auf den Köpfen und Ketten aus abgeschlagenen Menschenköpfen um den Hals sowie eine Schürze aus Menschenknochen. Als Embleme haben sie meist nur Schädelschalen in Händen. In ihnen befinden sich bei seiner achtköpfigen und sechzehnarmigen Emanation auf seiner linken Seite acht Hindugötter, während in denen auf der anderen Seite ihre Reittiere zu finden sind.

Cakrasaṃvara, Höchste Glückseligkeit (Abb. 62)

Der Herr des mythologischen Weltenberges Meru (der mit dem Kailas lokalisiert wird), verkörpert eines der wichtigsten Mutter-tantras im tibetischen Buddhismus. Sein „tantrischer Erlösungsweg beruht auf einer vielfachen Erfahrung der Leere* im Seienden mit zunehmender Loslösung von Raum und Zeit, weg vom Saṃsāra [dem Kreislauf der Wiedergeburten] und der Phase des Lernens im Sinne des rationellen Aufnehmens von der Objektwelt zu seiner höchsten Phase, die sich jeglicher Beschreibung entzieht.“[112]

Demtschog, wie das Wesen auf tibetisch heißt, wird mit tiefblauer Körperfarbe und in seiner bekanntesten Erscheinungsform mit vier Köpfen und zwölf Armen sowie in enger Umarmung mit seiner roten – mitunter auch rosaroten – Partnerin, der Ḍākinī Vajravārāhī (Diamantsau) dargestellt. Ein Tigerfell bedeckt seine Lenden. Von seinen Attributen oder Emblemen sind insbesondere zu erwähnen: das Opfermesser Kartṛkā, um die Wurzeln der Unwissenheit abzutrennen, das vierköpfige Haupt Brahmās und die frischabgezogene und noch blutige Elefantenhaut. Sie ist dem Leser bereits von der Besprechung des Mahākāla, der machtvollen Erscheinungsform des Avalokītesvara, bekannt. Sie ist die dicke Haut, die man sich gerne umlegt, weil man die Not um einen herum nicht sehen will. Sie wird nun von Cakrasaṃvara zerrissen.[113] – Doch lassen wir wiederum Lama Anagarika Govinda sprechen. Er sagt zur Deutung dieser Gestalt: „Mit dem oberen Paar seiner zwölf Arme und Hände, die das Wissen um die zwölffache Formel des »Abhängigen Entstehens« ausdrücken, zerreißt Demtschog die Elefantenhaut des Nichtwissens (um die wahre Natur des Daseins); mit seinen vier Gesichtern, die in

---

* Es heißt, daß nicht etwas „leer“ ist, sondern frei von allen Vorstellungen – Anmerkung des Autors.

52 Amitāyus, das unermeßliche Leben

53 Amitāyus, eine frühe altindische Steinsetzung (ca. 10. Jh. n. Chr.)

54 Amitāyus im altindischen Stil, wie vielfach Götter in der Bonreligion dargestellt werden. Er ist hier mit einer Yum zu sehen, die er ikonographisch nicht besitzt

Die Herukas

55 Der große Glorreiche Buddha Heruka

56 Padma Heruka, der Heruka des Lotos

57 Der blaue vierarmige Chechog Heruka, die machtvolle Form des Ādi-Buddha Samantabhadra

den Farben der vier großen Elemente (mahābhūta) erstrahlen, durchdringt und umfaßt er die vier Richtungen des Weltraums mit den vier göttlichen Qualitäten der Liebe, des Mitleids, der Mitfreude und des Gleichmuts. Jedes dieser Gesichter hat drei Augen; denn sein Blick durchdringt die drei Welten (die Welt des sinnlichen Begehrens, die Welt der reinen Form und die Welt der Nichtform) und die drei Zeiten (Vergangenheit, Gegenwart und Zukunft). Die Farbe seines Körpers ist Blau, denn er stellt die Unendlichkeit, Unvergänglichkeit und die allgegenwärtige Ganzheit des alle Dinge enthaltenen Raumes dar, d. h. das Prinzip der allumfassenden und in allem gegenwärtigen Leere, die aller Wirklichkeit zugrunde liegt.

Dorje Phagmos* Körper ist rot, um ihre leidenschaftliche Hingabe an das Wohl aller Lebewesen anzudeuten. Sie hat nur ein Gesicht, um die Einheit aller Dinge auszudrücken, und nur zwei Arme, was den zwei Aspekten der Wahrheit entspricht, der absoluten und der relativen. Sie ist nackt, denn sie ist frei von verhüllenden Illusionen. Ihre Beine umfangen den göttlichen Körper Demtschogs, der sie eng umarmt hält, um ihrer beider völlige untrennbare Vereinigung von Körper und Geist – die Einheit von Weisheit und höchster Beseligung – zum Ausdruck zu bringen.“[113]

Es ist noch anzufügen, daß Cakrasaṃvara mit seinen beiden Füßen auf einer roten und einer grünen am Boden liegenden Gestalt steht, was veranschaulicht, daß der Herr des mythologischen Weltenberges auch die Gier und den Haß überwunden hat.[2]

Kālacakra, Rad der Zeit (Abb. 63)

Bei diesem Yoga-Tantrasystem handelt es sich um das letzte komplexe Lehrsystem. Es entstand im 10./11. Jh. und wird auch heute noch bei den Kagyüpas (?) und insbesondere bei den Gelugpas gelehrt und durchgeführt. Die Personifizierung dieses Lehrsystems wird im friedvollen sowie im zorn- oder machtvollen Aspekt veranschaulicht – was im Lamaismus praktisch mit jedem Wesen möglich ist.[5] Auch Kālacakra ist in Yab-yum zu sehen. Er hält ebenfalls zum Zeichen der Polaritätenaufhebung – wie bereits dargelegt – das Diamantzepter und die Glocke hinter dem Rücken seiner Ḍākinī auf die jeweils anders gepolte Seite.

Meist wird Kālacakra mit vier Köpfen abgebildet, die (von links nach rechts) in den vier Farben: Rot, Schwarz, Weiß und Gelb zu sehen sind. Sein weißes nach Norden blickendes Gesicht versinnbildlicht den Vajra-Körper, das rote nach Süden schauende die Vajra-Sprache, das schwarze, den Betrachter ansehende und nach Osten gerichtete Antlitz den Vajra-Geist und schließlich symbolisiert das gelbe nach Westen blickende Gesicht die Vajra-Weisheit.[1] Bei der Betrachtung der Arme dieses Wesens findet man diese Aussage wieder. Kālacakra wird mit vierundzwanzig und seine Prajñā mit acht Armen dargestellt, wobei bei ihm

* Der tibetische Name der Ḍākinī Vajravārāhī – Anmerkung des Autors.

jeweils vier nebeneinander befindliche die gleiche Farbe haben. Sie entsprechen denen dreier seiner Gesichter: Weiß, Rot und Schwarz, so daß seine Arme von der Farbe her wiederum die Dreiheit von Körper, Sprache/Rede und Geist veranschaulichen. – Hier sei zum Verständnis eingefügt, daß sie eine Triade darstellen, die nach Roger Goepper „die Realität der Leerheit, die nach buddhistischer Auffassung die absolute Potentialität alles Seins ist, verdeutlichen die drei Geheimnisse, tri-guhya, in denen sich das Wirken des Buddha in dieser Welt manifestiert und die auch jeden Menschen befähigen, sich mit dem Buddha und damit der Erlösung ins Absolute hinein zu identifizieren."[114] Diese drei Begriffe stehen für richtiges Handeln, Sprechen und Denken. Deswegen müssen die drei heiligen Kräfte auch vor jeder sakralen Handlung gereinigt werden. – Und wenn die Arme der Prajñā (Gelb) hinzugenommen werden, dann findet man auch hier die Vajra-Weisheit ausgedrückt. – Wird die zuvor beschriebene Erscheinungsform des Kālacakra im machtvollen Aspekt dargestellt, dann ist die Anordnung seiner schwarzen Arme anders. Sie sind jetzt nicht alle beiderseits des Körpers als unterste angeordnet, wie es bei der friedvollen Emanation der Fall ist, sondern es befindet sich jetzt dort nur das Haupthändepaar, das hinter dem Rücken seiner Ḍākinī das Diamantzepter und die Glocke hält. Die drei anderen schwarzen Armpaare befinden sich nun als oberste, wie es die beiden großen Farbtafeln No. 54 und 55 in meinem ersten Buch belegen.

Von Kālacakra soll es ferner je eine blaue und gelbe einköpfige und zweiarmige Erscheinungsform geben.[115] – Es ist davon auszugehen, daß von der dargelegten Symbolik des äußeren Erscheinungsbildes des Kālacakra nichts – oder nur wenig – mit der des gleichnamigen Lehrsystems *(tantra)* zu tun hat. Die Vermutung drängt sich einem auf, wenn man an die eingangs gemachten Ausführungen über die „fünf Sinneswahrnehmungen" oder „fünf Arten des Genusses" im Kapitel der Glückssymbole nachdenkt. Die Tiefsinnigkeit des Lehrsystems wird sich von einem Uneingeweihten nicht erfassen lassen können, wie auch die tiefe Bedeutung des erwähnten Symbolkreises. Deshalb sollten sich Autor und Leser mit der Beschreibung des erkennbaren Äußeren begnügen.

Bodhisattvas

Diese in den Gedanken, im Geist entstandenen Aspekte des Buddha sind Erleuchtungswesen, die man sich so vervollkommnet vorstellen muß, daß sie ins Nirvāṇa hätten eingehen können, es aber aufgrund ihres großen Mitgefühls mit den anderen unerlösten fühlenden Wesen nicht getan haben. Die Bodhisattvas sind bereit, das Leid aller lebenden Wesen auf sich zu nehmen, damit auch die anderen dem Saṃsāra, dem Kreislauf von Geburt, Tod und Wiedergeburt, entrinnen können. Das wird durch ein Antilopenfell verdeutlicht, das man vielfach bei

Heilende Buddhas

58 Der Bahaiṣajyaguru als körperlicher Heiler

59 Der Bhaiṣajyaguru als geistiger Heiler

Reinigende Buddhas

60 Acht der fünfunddreißig reinigenden Buddhas

Personifizierung von Lehrsystemen

61 Hevajra, das ewige Diamantzepter

62 Cakrasaṃvara, Höchste Glückseligkeit

63 Kālacakra, das Rad der Zeit

den Darstellungen der friedvollen Erscheinungsformen der Bodhisattvas (sowie bei Amitāyus) auf ihren linken Schultern abgebildet findet.[5] (Siehe hierzu die Bildtafeln 29 und 77 in meinem ersten Buch). Da die Antilopen friedvolle Tiere sind, die Gier und Haß hinter sich gelassen haben, drücken ihre Felle aus, daß die Aspekte des Buddha, die sie auf den Schultern tragen, ebenfalls die Drei Grundübel überwunden sowie das große Mitgefühl und Mitleiden (mahākarūṇā) mit allen fühlenden Wesen erlangt haben.[89] Die Bodhisattvas werden fürstlich gekleidet und geschmückt dargestellt und tragen fünfzackige Bodhisattva-Kronen. Ihre fünf Zacken symbolisieren – wie die der fünf Totenschädel bei den machtvollen Emanationen – fünf Skandas,[30] Gruppen des Anhaftens. Es sind das: Körperlichkeit *(rūpa)*, Empfindungen *(vedanā)*, Wahrnehmungen *(saṃjñā)*, psychische Formkräfte, Gestaltungen *(saṃskāra)* und Bewußtsein *(vijñāna)*. Beim Erreichen der Buddhaschaft wandeln sie sich in die entsprechenden Qualitäten des Erleuchtungsbewußtseins.[116]

Maitreya, der Liebende, der Allgütige (Abb. 46, 64 u. 106)

Dschampa, wie er auf tibetisch heißt, ist der Buddha des nächsten kommenden Weltzeitalters, der bereits im Tuśita-Himmel weilt und als Bodhisattva das Leid Anderer auf sich nimmt, um sie zur Erleuchtung zu führen. Maitreya wird dementsprechend einmal als Buddha mit kurzem blauen gekräuselten Haar und mit einer Erleuchtungserhöhung auf ihm sowie im schlichten Mönchsgewand dargestellt. Zum anderen ist er als Bodhisattva in friedvoller und geschmückter Erscheinungsform vielfach in abendländischer Sitzhaltung zu sehen. Seine bekanntesten Embleme sind ein kleines Kännchen oder eine Vase *(kalaśa)* mit dem Wasser der Todlosigkeit *(amṛta)* und das Rad der Lehre *(dharmacakra)*, die beide oftmals in Schulterhöhe auf je einer Lotosblüte ruhen, ein Tschörten im Haar, ein Meditationskranz (mālā) mit 108 Perlen sowie ein Antilopenfell über seiner linken Schulter – ein Zeichen, daß das Wesen gelobt hat, nicht ins Nirvāṇa einzugehen, bis das auch die anderen noch unerlösten Wesen zu tun vermögen. Beide Aspekte des Maitreya führen häufig die symbolische Hand- und Fingerhaltung *(mudrā)* des Lehrens oder des Darlegens der Lehre aus, während man bei seinen Darstellungen als Bodhisattva ebenfalls die Mudrās der Furchtlosigkeit oder der Schutzgewährung sowie des Gebens oder Gewährens sieht. Da verschiedene Erscheinungsformen des Maitreya als Bodhisattva die gleichen Embleme besitzen, wie sie bei Emanationen des Avalokiteśvara zu finden sind, und sie zum Teil auch die gleichen Mudrās ausführen, ist es oft schwer festzustellen, um wen es sich von ihnen beiden handelt.

Vajrapāṇi, der Halter des Diamantzepters (Abb. 67, [70])

Die äußere Erscheinungsform dieses Wesens wurde aus dem Hinduismus entlehnt. Es war einstmals das gedachte Aussehen des Herrn des Firmaments. Genauso wurde sein Emblem, der „Donnerkeil", in den Buddhismus übernommen und erfuhr dort eine Neuinterpretation. Aus dem „Donnerkeil" des Indra wurde nun das Zepter der diamantklaren Wahrheit, der Vajra. Er wurde zum Symbol für die klare Essenz der Wirklichkeit, die unzerstörbar ist, der „Wahren-Wirklichkeit", Śūnyatā, wörtlich Leere, Leerheit = Ichlosigkeit.[2] – Vajrapāṇi ist die machtvolle Erscheinungsform des Ur-Buddha Vajradhara und der Herr der Geheimnisse sowie der Hüter und Meister der tiefsten Mysterien[123]. Er ist auch der, der die Dämonen unterwirft[129] und alle Hindernisse, die Schwierigkeiten in uns, beseitigt.[75D] – Vajrapāṇi ist ferner der Kämpfer gegen die Kräfte der Dunkelheit. Deshalb ist er ein Feind der Schlangen *(nāgas)*, die die Kräfte des Unterbewußten darstellen, und stellt ihnen in seiner Erscheinungsform als Garuḍa nach, frißt und assimiliert sie, wodurch sie in die Kräfte des Lichtes gewandelt werden.[2]

Vajrapāṇi, oder auf tibetisch Tschang Dordsche, wird meist flammenumlodert in seiner machtvollen[75D] Emanation und mit tiefblauer Körperfarbe dargestellt. Sie besagt, daß er zur Vajra-Familie gehört und die „transzendente Weisheit" besitzt.[89] Er kommt machtvoll in allen fünf Buddha-Familien vor: gelb *(Ratnapāṇi)*, grün *(Visvapāṇi)*, rot (als Beschützer vor Schlangenbissen) und weiß (mit Vajra und Ghaṇṭā [Glocke]) sowie in einer blauen friedvollen Erscheinungsform. Er ist nur mit einem Tigerfell um die Lenden bekleidet. Es drückt aus, daß er die Gier, den Haß und die Abneigung überwunden hat,[89] also eine Umkehrung: materiell/geistig.[42D] Er ist in zahlreichen Erscheinungsformen von einem bis zu vier Köpfen sowie mit zwei bis acht Armen zu sehen. Seine Embleme oder Attribute sind: Vajra, Schlinge, Schwert, Glocke, Skorpion und andere. – Siehe hierzu auch die Bildtafeln 44–47 in meinem ersten Buch.

Avalokiteśvara, der [gütig] herabschauende Herr (Abb. 65, 66, 68 u. [70])

Der machtvolle[151D] Aspekt des Avalokiteśvara ist dem Leser bereits bekannt, es ist der Dharmapāla Mahākāla. Nun wenden wir uns seinen friedvollen Erscheinungsformen als Bodhisattva zu. Sie verkörpern den Aspekt der Barmherzigkeit und des Erbarmens des Buddha. Deshalb ist es nicht verwunderlich, daß man seinem Mantra (heilige Silben) OṂ MAṆI PADME HŪṂ im tibetischen Raum überall begegnet, auf Felsen gemalt, in Steine hineingeschlagen oder in den Maṇi-tschö-khors (Gesetzesräder) schier unendliche Male auf Papierstreifen gedruckt oder geschrieben. Die Frage nach dem Grund hierfür, ist leicht zu beantworten. Als man früher seine Zuflucht zum Buddha nahm, wandte man sich dem Bodhisattva Avalokiteśvara oder Tschenresi (tib.) zu, dem All-Sehenden[9], der die Schreie der Welt [er] hört. Es ist anzufügen, daß das Wesen noch einen weiteren Namen besitzt, der nicht ganz so geläufig ist. Man nennt ihn auch Lokeśvara, „der Herr der Welten".

Die bekannteste Erscheinungsform dieses Bodhisattvas dürfte seine einköpfige und vierarmige Emanation mit weißer Körperfarbe sein. Ṣaḍakṣarī-

Bodhisattvas

64 Maitreya, der Liebende, der Allgütige ist der Buddha des kommenden Weltzeitalters, der schon jetzt im Tuṣita-Himmel weilt. Als jetziger Bodhisattva nimmt er von dort das Leid aller fühlenden Wesen auf sich

65 Padmapāṇi, eine Erscheinungsform des Avalokiteśvara

66 Der tausendarmige Avalokiteśvara, der aber im Gegensatz zu Tārā nur elf Köpfe und zwei Beine besitzt

67 Vajrapāṇi, der Halter des Diamantzepters, der Hüter der Mysterien steht als Reliquinbehälter für „richtiges Handeln“ –

68 Avalokiteśvara, der [gütig] herabschauende Herr, der die Schreie der Welt [er] hört, der Bodhisattva der Barmherzigkeit ist der Reliquinbehälter für „richtiges Reden“ –

69 Mañjuśrī, der Glorreiche Sanftmütige, der Bodhisattva der Weisheit, gilt als Reliquinbehälter für „richtiges Denken“ – die immer wieder gereinigt werden müssen

Lokeśvara hält in zwei seiner Hände, die zur „Lotusgeste“, zur Maṇi-Padma-Mudrā zusammengelegt sind, ein unsichtbares Juwel vor sein Herz. In seiner oberen Rechten ist dagegen ein Meditationskranz *(mālā)* und in seiner oberen Linken eine Lotosblüte zu sehen (Abb. 68). Die Dalai Lamas werden als **geistige** Inkarnation dieses Wesens angesehen.

Der achtarmige Ekādaśmukha-Avalokiteśvara fällt durch seine „Kopfpyramide“ von elf Köpfen auf. Sie sind in drei Reihen zu je drei von ihnen übereinander angeordnet, auf denen sich in der Mitte ein weiterer mit einem machtvollen Gesicht befindet. Auf ihm ist wiederum ein Kopf zu sehen, der von roter Farbe ist und Amitābha gehört, dem geistigen Vater des Avalokiteśvara. – Um hier die Symbolik der anderen zu verstehen, muß man sich bewußt werden, daß – was schon gesagt wurde – unser Dasein auf mehreren Ebenen verläuft. Die unterste ist die Welt des Begehrens *(kāmaloka)*. Die mittlere „Kopfetage“ veranschaulicht die Sphäre der reinen Form *(rūpaloka)* und die oberste steht für das Formlose *(arūpaloka)*. Und die drei Gesichter in jeder Ebene sehen in die drei Zeiten (Vergangenheit, Gegenwart und Zukunft). Das machtvolle Gesicht des Yama oder Māra[118] verdeutlicht, daß der Tod im Grunde eine Illusion ist[119], wenn durch richtiges Denken, Reden und Handeln die Drei Grundübel (Gier, Haß und Wahn, der Ichwahn) überwunden sind und die Erleuchtung erlangt wird. Da wird einem bewußt, daß sich dann der Tod „als »unendliches, unbegrenztes Leben« (Amitāyus) offenbart“.[118] – Der zuvor beschriebene vierarmige Lokeśvara hat mit dieser Erscheinungsform des Avalokiteśvara gemein, daß sie mit ihrem zentralen Händepaar und mit der gleichen Mudrā ein Juwel vor ihr Herz, ihr geistiges Zentrum, hält. – Die sechs Hände, die bei der jetzt zu behandelnden Erscheinungsform des Avalokiteśvara im „Kreis“ darum angeordnet sind, versinnbildlichen mit ihren Mudrās und den in den Händen gehaltenen Emblemen die sechs Pāramitās, die Vollkommenheiten, die einen befähigen, den Fluß (die Schwierigkeiten in einem selber) zu überwinden und das andere Ufer zu erreichen.[120] – Wer sein Wissen hier erweitern, vertiefen möchte, dem sei mein erstes Buch mit seinen Farbbildtafeln erneut empfohlen.

Die tausendarmige Erscheinungsform dieses Bodhisattva, der Sahasrabhuja-Avalokiteśvara, hat ebenfalls nur elf Köpfe und zwei Beine. Die tausend Arme sind bei ihm wie eine Aura in drei Kreisen um sein Herz angeordnet. Zum inneren „Kreis“ gehören acht Arme (von denen zwei im Zentrum sind), sie symbolisieren den Dharmakāya, die Ebene des Dharma, die metaphysische Wirklichkeit. Der mittlere Kreis oder Bereich besteht aus vierzig Armen, die den Bereich der geistigen Schauung, dem „Körper der geistigen Verzückung“ oder „Beseligung“, dem Sambhogakāya zugeordnet sind. Und der äußere Kreis mit den neunhundertzweiundfünfzig Armen, der aus fünf Stufen besteht, veranschaulicht den Körper der Wandlung aus der Welt des Scheins, dem Nirmanakāya.[121] – In jedem der tausend Handteller der Gestalt befinden sich ein Auge, damit sie schneller erkennt, wo sie helfen kann. Aber dieser Avalokiteśvara besitzt auch auf jeder Stirn seiner Gesichter ein Auge. Hieraus ist zu erkennen, daß der Bodhisattva mit Überlegung und nicht nur aus dem Gefühl heraus handelt.[122]

Mañjuśrī, der glorreiche Sanfte (Abb. 69 u. [70])

Dieser Aspekt des Buddha verkörpert die aktive Weisheit der Erleuchtung. Er wird in voller jugendlicher Schönheit dargestellt und trägt die Krone der fünf Weisheiten. Mit seinem flammenden Schwert der Erkenntnis zerschneidet Mañjuśrī (tib.: *Dschampal*) die Dunkelheit des Nichtwissens oder die Wolken der Unwissenheit.[123] Mañjughoṣa, „der mit der sanften Stimme", wie das Wesen auch genannt wird, wird sehr vielschichtig und in den Farben aller fünf Buddha-Familien abgebildet. Seine beiden wichtigsten Embleme sind das Schwert *(khaḍga)*, das er in seiner Rechten hält, sowie das Buch der transzendenten Weisheit *(prajñāpāramitā)*, die beide aber auch je auf einer Lotosblüte zu ruhen vermögen. Ferner sieht man bei ihm einen Bogen *(cāpa)*, einen Pfeil *(śara)*, ein Zepter der diamantklaren Wahrheit *(vajra)*, eine Glocke *(ghaṇṭa)* und andere. Bei seinen zahlreichen Erscheinungsformen führt er die unterschiedlichsten Mudrās aus, die der Wunschgewährung oder des Gebens, der Furchtlosigkeit wie aber auch des Darlegens oder Drehens des Rades der Lehre.

Verschiedentlich werden Großlamas der Sakyapas sowie Tsongkhapa, der Gründer der „Schule der Tugendhaften", den Gelugpas, als **geistige** Inkarnationen des Mañjuśrī angesehen. Deswegen ist es nicht verwunderlich, daß man bei Darstellungen von ihnen (und anderen Personen) die beiden Hauptattribute des Mañjuśrī, das Schwert der Erkenntnis und das Buch der transzendenten Weisheit, wiederfindet. Aber auch die beiden Lehrrichtungen selber, die Gelugpas und die Lho Dukpas,[3] führen ihren geistigen Ursprung auf den Bodhisattva der Weisheit zurück.

Die drei zuletzt behandelten Bodhisattvas gelten, worauf schon hingewiesen wurde, als Reliquienbehälter. In umgekehrter Reihenfolge stehen: Mañjuśrī für Geist, Avalokiteśvara für Mitleid/Rede und Vajrapāṇi für Kraft/Körper, also für richtiges Denken, Reden und Handeln. Denkt man hierüber nach, dann wird einem bewußt, daß man ohne sie die Drei Grundübel, Gier/Begierde, Haß/Abneigung und Unwissenheit/Ich-Wahn, nicht überwinden kann und folglich keine Erlösung und Erleuchtung zu erlangen ist. Deswegen werden die drei Bodhisattvas – gleichsam zur Mahnung – immer wieder gemeinsam körperlich oder auch nur durch drei nebeneinander stehende Tschörten symbolisch dargestellt. Daher ist es folgerichtig, daß auch zu Beginn jeder rituellen Handlung die drei Reliquienbehälter gereinigt werden müssen.

Tārā, die Retterin (Abb. 72–75)

Die Grüne und die Weiße Tārā, oder tibetisch Dölma, sollen nach einer Mythe aus zwei Tränen des Avalokiteśvara entstanden sein, die ihm kamen, als er das

70 Gemeinsame symbolische Darstellung der drei Bodhisattvas (von r. nach l.) Vajrapāṇi, Avalokiteśvara und Mañjuśrī durch drei Tschörten. – Sie sind Reliquienbehälter und stehen für richtiges Handeln, Reden und Denken

71 Der reinigende Bodhisattva Vajrasattva

72 Die Grüne oder Śyāma Tārā, die Retterin

73 Die Weiße oder Sita-Tārā

74 Uṣṇīṣasitātapatrā, die tausendarmige Erscheinungsform der Tārā

75 Apchi (eine Emanation der Tārā), die bei der Schule der Digung-Kagyüpa als Beschützerin verehrt wird

Leid auf dieser Welt erblickte.[124] Die Tārā wird als die weibliche Seite des Bodhisattvas der Barmherzigkeit angesehen.[124] Die Ārya-, Weiße Tārā verkörpert den Weisheitsaspekt, während die Śyāma- (d. h. dunkle), Grüne Tārā den Aspekt des karmafreien (helfenden) Tuns aus Mitempfinden darstellt.[124] Sie wurden im 4./5. Jahrhundert unserer Zeitrechnung von Asaṅga ins Vajrajana eingeführt,[125] und später entwickelten sich aus ihnen noch weitere Formen. Heute kommen Tārās in allen Farben der fünf Buddha-Familien vor, besitzen einen und bis zu tausend Köpfe und zwei bis tausend Arme. Ferner sind sie in friedvollen sowie in machtvollen Erscheinungsformen zu finden. Die bekannteste Emanation von ihr ist die Grüne oder Śyāma-Tārā. Sie wird als „die Barmherzige, die Retterin" apostrophiert, die den Menschen in Bedrängnis hilft. Am häufigsten sieht man sie mit einem Kopf und zwei Armen in sitzender Haltung, wobei sie ihren rechten Fuß zum sofortigen Aufstehen auf eine kleine Lotosblüte am Fuße ihres Lotosthrones setzt. Dabei hat sie ihre gesenkte rechte Hand zum Geben oder Wunschgewähren geöffnet, während sie ihre linke vor die Brust hält, die zur Mudrā der Furchtlosigkeit geformt ist, gleichsam sagend: „Hab keine Angst, ich helfe dir". In ihren Händen hält sie eine vollerblühte blaue Lotosblüte sowie eine Knospe. In ihrer achtarmigen Erscheinungsform gehören außer den beiden soeben genannten Emblemen das Buch der transzendenten Weisheit *(prajñāpāramitā)* und ein Kännchen *(kalaśa)* mit dem Wasser der Todlosigkeit *(amṛta)*. Diese Darstellung der Grünen Tārā wird gerne von acht Menschen flankiert, die sich in höchster körperlicher Gefahr (von einem Löwen, einem Elefanten, einer Schlange, von Feuer, Wasser und Krankheit, einem Räuber und von Feinden) befinden und sich Tārā zuwenden, um aus ihrer Not befreit zu werden. – Siehe hierzu die Bildtafel 37 in meinem ersten Buch. – Ferner wird auch Tārā angerufen, „um an das andere Ufer (jenseits von Saṃsāra*) zu gelangen."[126]

Ähnlich der zuvor beschriebenen Śyāma-Tārā wird eine Emanation der Weißen oder Sita-Tārā dargestellt, die am häufigsten von ihnen zu finden sein dürfte. Nur hat sie weder ihren rechten Fuß zum Aufstehen auf eine kleine Lotosblüte gesetzt, noch hält sie in ihrer rechten Hand die Knospe einer blauen Lotosblüte. Dafür hat die zweiarmige Weiße Tārā aber im Gegensatz zu der grünen Erscheinungsform in jedem ihrer Handteller, auf den beiden Fußsohlen sowie auf ihrer Stirn ein weiteres Auge, das Auge der Weisheit. Das zeigt, daß das Wesen, wie auch Avalokiteśvara, sehend, das heißt, mit Überlegung hilft. Sie gilt als die „Beschützerin des langen Lebens".[127] – Eine Erscheinungsform der Weißen Tārā muß hier noch kurz erwähnt werden. Es ist ihre Emanation mit den tausend Armen, die Uṣṇīṣasitātapatrā. Sie besitzt neben ihren vielen Armen (in deren Handtellern ebenfalls tausend Augen zu sehen sind) – im Gegensatz zu der Form

* d. h., den Kreislauf von Geburt, Tod und Wiedergeburt zu durchbrechen – Anmerkung des Autors.

des Avalokiteśvara – auch tausend Köpfe und Beine (Abb. 74, S. 97), so daß sie sehr gut voneinander zu unterscheiden sind.

Die beiden Gattinnen des tibetischen Königs Songtsen Gampo, die aus Nepal stammende Bhṛkuṭī sowie die aus China kommende Wenchen, brachten den Buddhismus nach Tibet. Beide gelten als geistige Inkarnationen der Grünen und der Weißen Tārā.[125]

Vajrasattva, das Diamantwesen (Abb. 71)

Wenden wir uns nun dem reinigende Bodhisattva zu, der in allen fünf Buddha-Familien vorkommt und dementsprechend auch in allen ihren Farben zu sehen ist. Am meisten wird er mit weißer Körperfarbe abgebildet, in der sich die Farben der vier anderen Familien vereinen.* Das Mantra** des reinigenden Bodhisattvas umfaßt hundert Silben. Sie werden bei jeder geistigen Reinigung hunderttausendmal hintereinander rezitiert.[128] Hierbei wird Vajrasattva nach den Ritualtexten (sādhana) dreimal in unterschiedlichen Bildern visualisiert[128] und nach jedem Mal wieder aufgelöst und zurückgeführt. – Der Reinigungsvorgang wird in meinem ersten Buch näher beschrieben und wurde sinngemäß dem Buch von Lama Sherab Gyaltsen Amipa: „Geistesschulung im tibetischen Buddhismus“ entnommen.

Vajrasattva wird in sitzender Haltung, als Bodhisattva gekleidet und geschmückt dargestellt, wie er in seiner rechten Hand den Vajra, das Zepter der diamantklaren Wahrheit, zum Zeichen seiner unzerstörbaren Essenz vor sein Herz,[129] sein geistiges Zentrum, hält. Die Glocke *(ghaṇṭā)* hingegen hält er mit seiner linken, als Ausdruck seines Mitgefühls, an seine Hüfte.[129]

Weitere weibliche im Geist entstandene Wesen

Uṣṇīṣavijayā, die siegreiche Göttin der Erleuchtungserhöhung (Abb. 78)

Dies im Geist, in den Gedanken entstandene Wesen ist eine der ältesten weiblichen „Gottheiten“ im Lamaismus und wird vor allem in Tibet und der Mongolei verehrt.[130] Ihren Namen hat sie von ihrer Erleuchtungserhöhung *(uṣṇīṣa)*. So kann Uṣṇīṣavijayā als „Königin der Erleuchtungserhöhung“ bezeichnet werden. Sie gilt aber auch als „Mutter aller Buddhas“ und ist eine Erscheinungsform des Dhyāni-Buddha Vairocana.[130] Dementsprechend ist Uṣṇīṣavijayā von weißer Hautfarbe. Sie sitzt in Meditationshaltung auf einem Lotosthron, trägt reichen Bodhisattvaschmuck, hat drei liebliche Gesichter in den Farben blau, weiß und gelb sowie acht Arme. In ihrer oberen Rechten hält die „Göttin“ eine Statuette des Dhyāni-

* Werden Gläser in den Farben Blau, Gelb, Rot und Grün zusammen durchleuchtet, dann ergeben sie ein weißes Licht.

** Heilige Silben, die jedem Aspekt des Buddha zugeordnet sind.

Weitere weibliche im Geist entstandene Wesen

76 Sitātapatrā, eine Emanation des Vairocana, gilt als die Zerstörerin der bösen Geister

77 Eine frühe Darstellung der Sitātapatrā im altindischen Stil

78 Uṣṇīṣavijayā ist ebenfalls eine Erscheinungsform des Vairocana und wird als „Mutter aller Buddhas“ angesehen

Ḍākinīs

79 Die Ratnaḍākinī in Pfeil- Bogenstellung

80 Die Sarvabuddhaḍākinī, die Inspirationsgenie des Siddha Naropa

81 Die löwenköpfige Siṃhavaktrāḍākinī

Buddha Amitābha, oder sein Bija, sein Zeichen „HRĪH“[2] auf einer Lotosblüte. In seinem Händepaar darunter sind Bogen und Pfeil zu sehen, die – gleich dem Diamantzepter und der Glocke[150] – Methode und Weisheit ausdrücken.[144] Da die beiden Embleme voneinander getrennt gehalten werden, ist zu erkennen, daß sich das Wesen im Übergang zur Aktivität befindet.[5] Ferner veranschaulichen die beiden Attribute – sie sind ja ein Zwillingssymbol – auch die relative und die absolute Wahrheit.[144] Die rechte untere Hand ist zur Mudrā der Wunschgewährung oder des Gebens geformt, während das Wesen mit seiner oberen linken die symbolische Geste der Furchtlosigkeit ausführt. In seiner unteren linken Hand hält es die Vase *(kalaśa)* mit dem Wasser der Todlosigkeit *(amṛta)*, weswegen es gerne mit Amitāyus und der Weißen Tārā zu einer Triade – wie man sagt – der „Drei Gottheiten des langen Lebens“ vereint dargestellt wird. Uṣṇīṣavijayā hält in ihrer rechten Haupthand das Diamantzepterkreuz *(viśvavajra)*. Es steht für die Unzerstörbarkeit an sich und ist ein Symbol für die Aufhebung aller Dualitäten.[131] In ihrer entsprechenden linken ist die Schnur oder Fangschlinge *(pāśa)* zu erkennen, mit der das Meditationsobjekt in der Meditation symbolisch angebunden wird, damit es nicht verloren geht, oder die Feinde des Dharma **geistig** gebunden werden.[1]

Sitātapatrā und Sitātapatrā aparājitā, die Unbesiegte (Abb. 76 u. 77)

Wir haben es hier wiederum mit einer „Göttin“ zu tun, die aus dem Dhyāni-Buddha Vairocana emaniert ist und besonders in der Mongolei verehrt[132] sowie auch viel im tibetischen Raum dargestellt wird. Sitātapatrā kommt mit einem Kopf und zwei Armen vor, sitzt in Diamanthaltung auf einem Lotosthron und ist wie ein Bodhisattva gekleidet und geschmückt. Sie hat ihren rechten Arm leicht erhoben und führt mit der Hand die symbolische Geste der Furchtlosigkeit aus. In ihrer linken, die wiederum zur Mudrā der Furchtlosigkeit geformt ist, hält die „Göttin“ einen Schirm. Auf frühen Darstellungen der Sitātapatrā ist sie auch zu sehen, wie sie in jeder ihrer beiden Hände einen Schirm hält. Dem Leser ist aus dem Kapitel der Acht Glückssymbole sowie von der Darstellung der Śrīdevī bekannt, daß der Schirm nicht nur ein Ehrenschirm ist, oder vor dem Unbill der Witterung (Sonne, Regen) schützt, sondern er wird auch als ein Schutz im religiösen Bereich[133D] – zum Beispiel vor geistigen Befleckungen und vor den Drei geistigen Giften – angesehen.[134]

Sitātapatrā aparājitā ist ein machtvoller Aspekt mit drei Köpfen in den Farben rot, weiß und blau und sechs Armen. In ihren rechten Händen hält sie das Rad der Lehre, einen Elefantenstachel *(aṅkuśa)* und einen Bogen *(cāpa)*. In den linken sind ein Diamantzepter *(vajra)* und ein Pfeil *(śara)* zu sehen, sowie in der Hand, deren Finger zu der Mudrā des Drohens zusammengelegt sind, hält sie die Fangschlinge *(pāśa)*. Ein weiteres Emblem von ihr ist wiederum der Schirm. Sitātapatrā ist die Zerstörerin der bösen Geister, während sie mit ihrem Schirm die Adepten beschützt.[134]

Ḍākinīs (Abb. 79–81 u. 104)

Wenden wir uns nun den Inspirationsgenien, den Ḍākinīs, die göttlichen und dämonischen Ursprungs sind, zu. Sie sind im himmlischen Bereich wie auch auf den Verbrennungsplätzen beheimatet und den Elementen Luft, Feuer, Wasser und Erde zugehörig. Sie stellen die eruptiv-spontan überwältigenden Kräfte des Wissens um Leben und Tod dar, als Verkörperungen der unverhüllten Wahrheit. Ihre Darstellung erfolgt deswegen auch nackt.[2] Sie stehen vielfach mit ihren Beinen in „Pfeil-Bogen-Stellung", die ausdrückt, daß der Pfeil der Erkenntnis durch den gespannten Bogen der Methode ins Ziel trifft.[135] Ferner sind Ḍākinīs in Tanzstellung oder in einer Haltung dargestellt, die das Fliegen symbolisiert.

Es wurde in diesem Buch schon mehrfach erwähnt, daß manche der in den Gedanken, im Geist entstandenen Wesen – Lama Anagarika Govinda spricht von „Gestalten" – in Yab-yum, was Vater [und] Mutter bedeutet, also in geschlechtlicher Vereinigung, dargestellt werden. Also haben wir es hier mit zwei Wesen, einem männlichen und einem weiblichen, zu tun. Das männliche ist die „Gottheit" und das weibliche, die Yum. Sie ist seine mystische Partnerin oder Ḍākinī. Sie wird vereinfachend mit „Weisheit" interpretiert. Das macht verständlich, daß die Yum oder Ḍākinī auch als seine Prajñā bezeichnet wird. Und wenn man jetzt den Gedanken weiter verfolgt, dann wird einem bewußt, daß die Prajñā ja nicht die „normale" Weisheit veranschaulicht, sondern sie stellt die unmittelbar erfahrene, intuitive Weisheit dar, deren entscheidendes Moment das Begreifen und die Einsicht in die Leere *(śūnyatā)*, die wahre Wirklichkeit, das Wahre Wesen der Welt ist.[5] Folglich kann es nur die Prajñāparamitā sein, die Weisheit, die an das andere Ufer, zur Überwindung der Drei Grundübel, und damit zur Erleuchtung führt.

Alttibetische Göttinnen

Die Tibeter wurden nicht zum Buddhismus bekehrt, sondern sie integrierten die neue Religion in ihre Geisteswelt. Da verwundert es nicht, daß noch heute Göttinnen und Götter aus der früher in Tibet beheimateten Urreligion im Lamaismus zu finden sind. Zwei dieser Gruppen mögen hier als Beispiele für sie alle stehen.

Die fünf Schwestern des langen Lebens (Abb. 82–84)

Sie sind Berggöttinnen, die in der Everest-Region beheimatet sind. Sie haben alle ein friedvolles Aussehen und reiten mit fliegenden Gewändern auf einem Schneelöwen, einem grünen Drachen, einem Tiger, einem Maultier und auf einer Antilope. Die bekannteste von ihnen, die Maṅgalā Dīrghāyuṣī, hält in ihrer erhobenen Rechten den Vajra, das Zepter der diamantklaren Wahrheit, und in ihrer

Vier der fünf Schwestern des langen Lebens

82 Die Fee Sumatī

83 Die Fee Maṅgalā Dīrghāyuṣī vor ihren heimatlichen Bergen des Everest sowie oben rechts die Fee Sugatī mit einer Heilpflanze

84 Die Fee Sumukhī

Die Göttinnen der vier Jahreszeiten

85 Die Göttin des Sommers Grīsmadevī

86 Die Göttin des Herbstes Śaraddevī

87 Die Göttin des Frühlings Vasantadevī

88 Die Göttin des Winters Hemantadevī

Linken eine Vase *(kalaśa)* mit dem Nektar des langen Lebens *(amṛta)*. Bei den andern sind ein magischer Spiegel *(darpaṇa)*, in dem jeder seine karmischen Verunreinigungen erkennen kann, Heilkräuter, eine Schädelschale und andere Attribute zu finden.

Die Göttinnen der vier Jahreszeiten (Abb. 85–88)

Sie sind ebenfalls alttibetischen Ursprungs und haben auch Eingang in das lamaistische Pantheon gefunden. Sie werden gerne als Begleiterinnen der Śrīdevī oder Peldenlhamo (tib.) dargestellt. Im Gegensatz zu den zuvor behandelten Schwestern haben sie ein zornvolles Aussehen. Der Frühling *(Vasantadevī)*, der mit hellblauer Hautfarbe dargestellt wird, reitet auf einem gelben Maulesel. Der Sommer *(Grīsmadevī)* ist von roter Gestalt auf einem blauen dahinstürmenden Yak zu sehen. Die gelbe Göttin des Herbstes *(Śaraddevī)* reitet auf einem Hirsch, und der dunkelblaue Winter *(Hemantadevī)* sitzt auf einem braunen Kamel.

Historische Personen

Padmasambhava (Abb. 89, 90 u. 95)

Über ihn gibt es zahlreiche Legenden. Nach einer soll er mit acht Jahren in einer Lotosblüte auf einem Lotosteich nahe der Königsstadt Uḍḍiyāna aufgefunden und dann von dem kinderlosen König Indrabhūti an Kindes statt angenommen worden sein. Sein Name Padmasambhava deutet auf seinen Ursprung hin und besagt: „Der Seegeborene Vajra“ oder auch der „Lotosgeborene“.[136] – Später wurde er von Mönchen, Gelehrten und großen Yogis unterwiesen und erwarb übernatürliche Kräfte *(siddhi)*. Er meditierte auf den acht berühmten indischen Friedhöfen, um das Ich in den acht Bewußtseinsebenen – in dem der sechs Sinne, dem reinen Geistesbewußtsein und dem Speicherbewußtsein – zu überwinden und um von Ḍākinīs höhere Weisheiten zu erfahren;[2] und gründete die „Schule der Alten“ oder der „Nyinmapas“.

Später wurde Padmasambhava nach Tibet eingeladen, bezwang zahlreiche Dämonen und Lokalgottheiten, die er alle der neuen Lehre dienstbar machte, und gründete 787 unserer Zeitrechnung das erste buddhistische Kloster in Tibet (Samye), dessen erster Abt Śāntarakṣita wurde.

Von dem großen Tantriker und Dämonenbezwinger gibt es acht Erscheinungsformen, „die er in seinen zahlreichen Betätigungen und Existenzen annahm: als Buddha Śākyamuni, als König, als Gelehrter, als Yogi, als Mönch, und in seinen schrecklichen Erscheinungsformen, als Besieger der Dämonen, als Beschützer der heiligen Lehre und als Offenbarung der letzten, alle Begriffe vernichtenden Wahrheit.“[137] – Am häufigsten wird Padmasambhava als **Guru Rinpoche**, als „kostbarer Lehrer“ in sitzender Haltung und als Mönch gekleidet dargestellt. Auf dem Kopf trägt er einen roten Hut mit seitlich aufgeschlagenen Ohrenklappen, der von den höchsten Lamas der Schule der Nyingmapas getragen wird. An ihm sind vorne Sonne und Mond zu sehen, wie sie auch an der Spitze der Tschörten, der Zone des Äthers, zu finden sind. Der Hut wird von einem Vajra und mitunter auch von einer Feder bekrönt. In seiner zur Mudrā der Furchtlosigkeit erhobenen rechten Hand hält der Guru den Vajra, das Zepter der diamantklaren Wahrheit und der spirituellen Kraft, das Mittel, um Weisheit in die Tat umzusetzen.[138] In seiner linken hält er eine Schädelschale *(kapāla)*, ein Symbol der Weisheit, in der die Vase *(kalaśa)* mit dem Wasser der Unsterblichkeit *(amṛta)* ruht. Das drückt (nach hohen Initiationen) das Wissen oder die bewußte Erfahrung aus, daß der Tod zur Verwirklichung der Unsterblichkeit, zur Erlangung des Großen Lebens führt.[138] In seiner Armbeuge ist der von ihm erfundene tantrische Stab Khaṭvāṅga zu erkennen. Auf einem halben Diamantzepterkreuz *(viśvavajra)* ruhen auf einer kleinen Vase drei Köpfe übereinander, die die Drei Grundübel oder Wurzeln symbolisieren. Der rote steht für Gier oder Leidenschaft, der blaue für Haß und der weiße für den Wahn, den Ichwahn. Er ist deswegen auch leer, ein Totenschädel.[2] – Im allgemeinen werden diese drei Köpfe als ein Sinnbild für die drei Zeiten, des Werdens, des Seins und des Vergehens gehalten. – An der Spitze des Stabes ist schließlich ein Dreizack, Dreispitz oder ein Vajra zu erkennen. Der Stab gilt als ein Zeichen höchster Erleuchtung. So ist es nicht verwunderlich, daß der Stab auch bei zahlreichen der in den Gedanken, im Geist entstandenen Wesen als Emblem zu finden ist.

Als Guru **Nyima Özer** oder auch „Sonnenstrahl-Guru" wird der Dämonenbezwinger friedvoll, mit gelber Hautfarbe und mit einem Tigerfell um die Lenden dargestellt. Seine rechte Hand umfaßt den tantrischen Stab Khaṭvāṅga, während er in seiner linken die Sonne an einem ihrer Strahlen hält.

Guru Dorje Dolö ist eine zornvolle Erscheinungsform des Dämonenbezwingers. Er reitet flammenumlodert auf einem Tiger und hält in seiner erhobenen Rechten einen Vajra und in der anderen Hand einen Vajrakīla, einen „Dämonennagel". Mit ihm werden die schädlichen Einflüsse der Finsternis unschädlich gemacht sowie die Dämonen ausgetrieben.[139]

Eine weitere zornvolle Manifestation des Padmasambhava ist die des **Guru Senge Dadog** mit der Löwenstimme. Er ist bis auf ein Tigerfell um die Hüfte nackt und von roter Körperfarbe. Sie drückt seine leidenschaftliche Hingabe aus, zum Wohl aller Lebewesen zu wirken.[5] Er trägt eine Schädelkrone auf dem Haupt und eine Schlange um den Hals. In seiner erhobenen Rechten hält Guru Sengge Dadog gleich einem Siegeszeichen einen Vajra, während in seiner diagonal nach unten gerichteten Linken ein Skorpion zu sehen ist. So stampft Senge Dadog flammenumlodert im rechts ausfallenden tantrischen Seitenschritt symbolisch über die Feinde der Religion.[140] – Guru Sengge Dadog wird mitunter auch mit den Flügeln des Garuḍa und in Yab-yum mit einer dunkelblauen Ḍākinī dargestellt.

Historische Personen

89 Padmasambhava, der den Buddhismus nach Tibet brachte, als Padmasölwa

90 Padmasambhava als Guru Dorje Dolö

91 Tilopa (10./11. Jh.), der einen Fisch in seiner rechten Hand hält und eine mit Blut gefüllte Schädelschale, ein Symbol der Weisheit und Leerheit, in seiner linken

Ritualgeräte und Gegenstände

92 Das Zepter der diamantklaren Wahrheit *(vajra)* und die Glocke *(ghaṇṭa)*, die Stimme der Lehre

93 Ein zweiteiliges Ritualgerät (aus Holz), das bei Lang-Lebens-Zeremonien verwandt wird. – Auf seinem herausnehmbaren Oberteil ist (in einem dreiäugigen Juwel) das Bild des Amitāyus zu erkennen

94 Zwei Masken, die beim Tscham getragen werden

Guru Padma Gyalpo, der König des Dreikorbes[141] ist wieder eine friedvolle Emanation des Padmasambhava. Er ist königlich gewandet und geschmückt,[141] trägt eine Krone und sitzt in gelöster Haltung auf einem Thron. Seine Embleme sind eine stundenglasförmige Doppeltrommel *(ḍamaru)*, die Stimme des Gesetzes oder der Lehre, und ein Spiegel *(darpaṇa)*, in dem jeder seine karmischen Verunreinigungen *(kleśas)* erkennen kann.

Die zuvor behandelte Erscheinungsform des Lotosgeborenen ist seiner Darstellung als **Lodan Chogse** sehr ähnlich. Auch er ist königlich gekleidet und sitzt gleichfalls in gelöster Haltung auf seinem Thron. Zu seinen Emblemen gehört wiederum eine kleine Doppeltrommel – jedoch hält Lodan Chogse in seiner Linken eine Schädelschale oder Kalotte *(kapāla)* und in seinem Gürtel steckt ein Vajrakīla.

Sakyasengge stellt eine weitere Emanation des Dämonenbezwingers dar. Er wird hier fast genauso wie Buddha Śākyamuni dargestellt. Der Unterschied ist, daß Sakyasengge einen Vajra, ein Diamantzepter, in seiner Rechten hält, mit dem der historische Buddha nie zu sehen ist.

Eine weitere Emanation des Lotosgeborenen ist **Padmasölwa**. Sie zeigt ihn – ähnlich dem Ur-Buddha Samantabhadra – in Yab-yum mit dunkelblauer Hautfarbe und in enger Umarmung mit seiner Prajñā, einer weißen Ḍākinī. Während Samantabhadra stets ohne Embleme zu sehen ist, hat Padmasölwa zwei in Händen, den Vajra sowie die Ghaṇṭā (Glocke).

Die letzte Erscheinungsform, die meist in der Literatur nicht erwähnt wird, zeigt Padmasambhava als **König von Sahor,** einem kleinen alten Königtum in Nordindien.[2] Er ist fürstlich gekleidet, trägt den roten Hut der Schule der Nyinmapa und seine Embleme entsprechen genau denen, die er als Guru Rinpoche besitzt. Es sind das der Vajra, das Zepter der diamantklaren Wahrheit und spiritueller Kraft,[138] das Padmasambhava als König von Sahor dem Beschauer darreicht (und nicht vor seine Brust hält, wie er es als „kostbarer Lehrer" tut), ferner die Vase mit dem Wasser der Todlosigkeit in einer Schädelschale sowie der tantrische Stab Khaṭvāṅga.

95 Padmasambhava als König von Sahor

Weitere historische Personen

96 Atīśa (10./11. Jh.)

97 Nāropā (11. Jh.)

98 Marpa (11. Jh.)

99 Milarepa (12. Jh.)

100 Tsongkhapa (14./15. Jh.), der Gründer der Schule der Gelugpas

101 Der V. Dalai Lama (17. Jh.), der den Potala erbauen ließ

Votivgaben, die hunderte von Jahre alt sind. Sie bestehen aus lehm- oder tonhaltiger Erde, die nicht gebrannt ist.

102 Ein Tsha-Tsha mit der Abbildung des Akṣobhya

103 Ein Tsha-Tsha, das die Form eines Tschörten besitzt und den Geist des Buddha symbolisiert. Es wird zu Reinigungszwecken benutzt und kommt in großen Stückzahlen vor[1]

104 Ein Amulettbehälter *(gau)* mit dem Relief der Sarvabuddhaḍākinī

105 „Gebets-", Wunsch-, Hoffnungs- oder Glücksfahnen[89]

106 Sieben Opferschälchen vor dem Bodhisattva Maitreya und dem Buddha Śākyamuni

107 Tormas für friedvolle Geistwesen und Opferschälchen vor einem Glasschrein

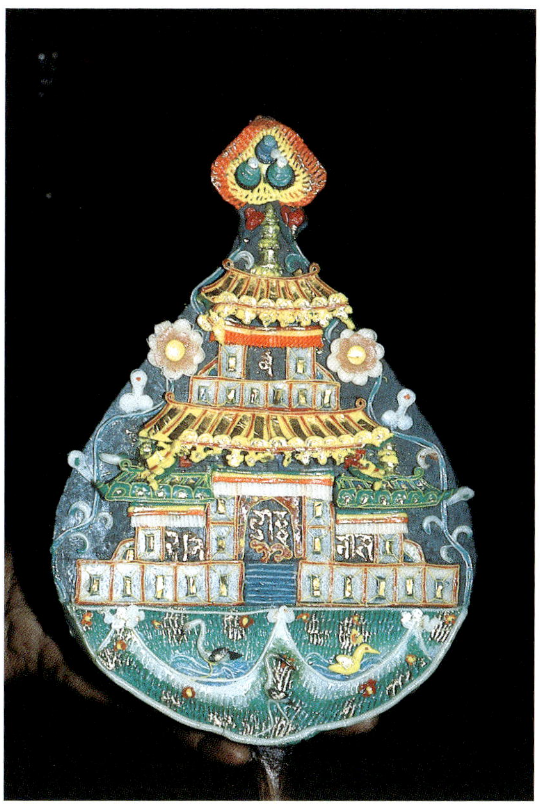

108 Ein Butterbild, Höhe ca. 30 cm

Sakrales

Kultgeräte und Gegenstände

Butterlampen (Abb. 107)

Vor Kultbildern, Schreinen und auf Altartischen stehen oftmals sieben Butterlampen nebeneinander in einer Reihe. Sie sind ein Symbol des Lichtes, der Erleuchtung[97] und bedeuten: Vollkommene Bewußtheit – Vollkommene Weisheit der Unterscheidung in Bezug auf die Phänomene – Vollkommene (freudige) Anstrengung – Vollkommene Freude – Vollkommene Geschicklichkeit – Vollkommene Konzentration und vollkommener Gleichmut.[59D]

Es gibt noch eine weitere Auslegung, sie besagt: Die ersten drei Butterlampen stehen für die innere Aktivität, den Weg. Die erste bedeutet die Bewußtheit unseres jetzigen Lebens, heute und hier *(smriti)*; die zweite das Erwägen des Dharma *(dharmavicaya)* und die dritte die auf das Ziel gerichtete Kraft der Energie *(vīrya)*. Die vierte *„prīti"* ist der Waagebalken oder auch Stoß und stellt die fast unerschöpfliche Kraftquelle, das den Wandel einleitende Element sowie das Glücksgefühl über die Einsicht in die Lehre dar. Die fünfte Butterlampe versinnbildlicht die durch die Überwindung der Leidenschaft erlangte freudvolle Ruhe *(sukha)*, die sechste die vollkommene Meditation und Versenkung *(samādhi)* und schließlich symbolisiert die siebente Gleichmut, Gleichsetzen und Unparteilichkeit *(upeksha)*. Daraus erkennen wir, daß die letzten drei Butterlampen die Frucht des zurückgelegten Weges oder auch die Ruhe, das Gefühl vollkommenen Befriedetseins von allem Verlangen, von aller vorher verspürten Enge und Not, eine Freude jenseits aller Begrenzungen ausdrücken.[2]

Opferschalen (Abb. 106 u. 107)

Sehr ähnlich ist die Bedeutung dieser weiteren sieben Schälchen, die wir meist an gleicher Stelle und insbesondere auch auf Altartischen sehen. Die ersten drei symbolisieren den Weg, den man gehen muß. Die mittlere ist wiederum der Waagebalken, und die letzten drei veranschaulichen das Ergebnis. Darüber hinaus haben die sieben Schälchen noch weitere Bedeutungen. Je nach Lehrrichtung werden sie unterschiedlich interpretiert, so daß es für sie keine einheitliche Sinngebung gibt. Das ist jedoch nicht wesentlich. Wichtig ist, daß man – wie bei dem Mantra OṂ MAṆI PADME HŪṂ des Avalokiteśvara – erfaßt, was hier ausgedrückt werden soll. Die Schälchen stehen für das Opfern von Wasser zum Trinken – zum Waschen der Füße – zur Körperwäsche – für Parfüm – als Butterlampe – als Räuchergefäß und für feste Nahrung. – Eine weitere Bedeutung findet man bei einer anderen Lehrrichtung. Dort steht das erste Schälchen für Wasser zum Trinken für das heilige Objekt. Das zweite für das Reinigen der eigenen Unwissenheit. Mit dem dritten werden Blumen dargestellt, die das Mitgefühl ausdrücken. Das nächste steht für Weihrauch, der die Sittlichkeit symbolisiert oder auch den Äther, die geistige Sphäre. Das fünfte Schälchen, in dem oft Getreide- oder Reiskörner oder kleine Opferkuchen *(torma)* zu finden sind, symbolisiert die geistige Nahrung. Alle Opfergaben können aber auch nur durch Wasser symbolisch dargebracht werden. Denken wir zum Beispiel an morgendliche Devotionen (und insbesondere auf Reisen). Mit dem symbolischen Opfern von Wasser ergibt sich auch noch eine weitere Bedeutung. Das Füllen der Schälchen mit Wasser kann unter Umständen auch als „Wasserholen", ein Opfern des „Wasser der Todlosigkeit" an die Gurus – symbolisiert durch die Buddhas und Bodhisattvas – verstanden werden.[2]

Die sieben Opfergaben können aber auch noch von einer weiteren Seite gesehen werden. Wasser bedeutet Gefühligkeit, – Parfüm ist der Inbegriff für das „sich-angenehm-machen" durch die Einhaltung der Gebote *(śīla)* für Laien (und Mönche). – Blumen (sie werden verschiedentlich auch durch eine Spirale = stilisierte Blume dargestellt) drücken Geduld über Haß aus, sich in Geduld zum anderen öffnen. – Energie versinnbildlicht Streben nach Erleuchtung (sie ist die Voraussetzung zur Begeisterung). – Nahrung veranschaulicht Versenkung auf dem Weg zur Buddhaschaft. – Licht symbolisiert Erleuchtung, Erkennen. – Und schließlich Sittlichkeit, sie steht für ein, dem inneren Reifungsprozeß entsprechendes, verfeinertes ethisches Verhalten.[5]

In den Tempeln finden wir außer den kleinen, uns bekannten Schälchen auch größere Opferschalen, die mit Getreidekörnern angefüllt sind, unter denen sich stets auch einige Geldscheine befinden. Es sind Opfergaben, die den hungernden Wesen und den „Gottheiten" als Dank für die eigene Sattheit dargebracht wurden oder Spenden, die in Ausübung der Tugend der Gebefreudigkeit hineingelegt worden sind.

Eine andere Art von Opferschalen sind die Schrein-Maṇḍalas, die kunstvoll, mehrstufig und vielfach aus Silber gearbeitet sind. Man findet sie vorwiegend in den Abtsresidenzen der Klöster. Als Opfergaben dienen bei den symbolischen Maṇḍala-Opferhandlungen auch wieder Getreide- oder Reiskörner, die aber vorher gereinigt werden müssen.

Opferkuchen, Butterbilder (tormas) (Abb. 107 u. 108)

Ihr tibetischer Name hat eine vielschichtige Bedeutung: Opfergaben, streuen, in Freuden geben, negative Kräfte zerstören…[89] Es handelt sich bei ihnen um rituelle Speise- und Opfergaben. Sie werden zu besonderen Anlässen aus Tsampa, einem Mehl, das aus gerösteten Gerstenkörnern gewonnen wird, einem mehr

109 Streuen des Maṇḍalas der Ḍākinī Vajravārāhī, der Diamantsau

110 Maṇḍala des Cakrasaṃvara, das nach Anagarika Govinda über 160 „Gestalten“ enthält[143]

111 Ein Schrein-Maṇḍala und andere Ritualgeräte

112 Bücher

113 Beschnitzter Buchdeckel – Buddha Śākyamuni (l.), Avalokiteśvara (m.) und Mañjuśrī (r.)

Rituelle Handlungen

114 Morgendliche Devotion

oder weniger großen Zusatz von Butter und gegebenenfalls auch mit Farbstoffen, hergestellt. Die weißen Tormas stehen in Beziehung zu Buddha und den friedvollen Aspekten von ihm (wie der Weißen und Grünen Tārā).[1] Sie sind aber auch zu Füßen der Darstellungen von Ordens- und Klostergründern sowie von großen Lehrern zu finden. Die roten sind dagegen für die machtvollen,[1] also geistig sehr weit fortgeschrittenen,[75] Aspekte des Buddha bestimmt.

Eine andere Art von Tormas besteht aus einem dreistufigen Kegel. An ihnen befinden sich runde „Scheiben", die verschiedentlich gefärbt sind. Der untere Teil des Korpus symbolisiert die Lotosblüte, so daß man bei ihnen von „Tormas in der Lotosblume" spricht.[1]

Eine weitere Ausformung der Opferkuchen ist bei den Nyinmapa- und Kagyüpa-Schulen zu finden. Auf ihnen ist unter anderem Sonne und Mond an der Spitze zu sehen[1], die in Beziehung zum Todesprozeß (feine Energieströme) stehen.[1] Sie besitzen noch zwei weitere Bedeutungen, die jedoch nicht ermittelt werden konnten. Schließlich sei auch noch auf eine weitere Form der Tormas hingewiesen, die Butterbilder genannt werden. Sie findet man insbesondere bei den Nyinmapas sowie bei den Digungpas. Diese Opferkuchen, die mit einer reichen kunstvollen Butterornamentik versehen sind, symbolisieren die verschiedenen Lama-Linien der Klöster und Schulen. Der Butterschmuck ist ein Hinweis darauf, daß sie für die machtvollen Wesen gedacht sind.[1]

Die Tormas werden, bis auf die soeben beschriebenen Butterbilder, die man in den Klöstern in Glasschränken aufbewahrt, am Ende der rituellen Handlung zerbröckelt, verbrannt oder fortgeworfen wie letzteres zum Abschluß der Tscham-Mysterienspiele zum Teil üblich ist. Hier wird der Zeitpunkt sowie die Richtung, in die der Opferkuchen geworfen wird, vorher von dem Astrologen des Klosters festgelegt.[142]

Wiederum andere Tormas, die ebenfalls aus Tsampa und Butter hergestellt werden, werden den Geistern (tib.: *lou* oder *luo*) geopfert,[149] denn letztere unterliegen gleich uns Menschen Stimmungen. Folglich muß man sich das Wohlwollen der Lous erhalten oder sie für einen günstig stimmen. Hat ein Mensch das Gefühl, daß er von mißlaunigen Geistern umgeben ist, oder will er nur die Lous „bei guter Laune halten", dann geht er zu einem Lama. Dieser befaßt sich daraufhin zunächst mit der Astrologie und führt dann ein Ritual durch. Hier erfährt er den Grund für ihr etwaiges Mißfallen und wie dem zu begegnen ist. Der Mönch stellt daraufhin mit einem kleinen Brett, in das Lebewesen aller Arten, Tschörten, das Mantra OM MANI PADME HŪṂ oder auch Symbolzeichen geschnitten sind, eine entsprechende Anzahl von Tormas her, gibt sie dem Besucher und unterweist ihn, wie er die Tormas als Opfergaben darzubringen hat. Er erfährt zum Beispiel, wann und wo und in welche Richtung sie gegebenenfalls zu werfen sind oder ob sie unter Umständen auch in ein Gewässer oder Feuer getan werden sollen.[149]

Bücher (Abb. 112–114)

Die sakralen Schriften gliedern sich in zwei Gruppen, den Kanon Kanjur, „Das Wort des Meisters“ mit hundertacht, und dem halbkanonischen Tanjur mit zweihundertfünfundzwanzig Bänden. Zu letzteren gehören auch umfangreiche Tantrakommentare, Bücher über Heilkunde und andere Geisteswissenschaften wie Mathematik und Astrologie. Die Bücher bestehen aus losen Blättern, die sorgfältig in seidene Tücher eingeschlagen sind und dann zwischen zwei Holzbrettern fest eingeschnürt aufbewahrt werden. Über ihren Inhalt geben Laschen an einer Stirnseite Auskunft. – Die Seiten sind aus schwerem, handgeschöpftem Papier und beiderseitig bedruckt, so daß sie beim Lesen immer in gleicher Form umgewendet werden müssen. Die Bücher werden in den Tempeln, denen sie mitunter auch den Namen (z. B. Kanjur-Lhakhang) gegeben haben, aufbewahrt.

Maṇḍalas (Abb. 109–111, 128–130)

Wie wir, die wir aus der Dunkelheit kommen, das helle Licht nicht sofort ertragen können, so vermögen wir, die wir in Unwissenheit geboren worden sind, nicht die reine Wahrheit, die Lehre des Buddha gleich auf einmal voll zu erfassen. Der Buddhismus ist ein Weg der Stufen (Erkenntnisstufen), der wiederum ein stufenloser ist. Er stellt einen Reifungsprozeß dar, den wir auch bei den Maṇḍalas wiederfinden. Das Wort bedeutet Kreis und ist dreidimensional aufzufassen. Die buddhistische Esoterik ist sehr kompliziert und vielschichtig und nur schwer zu erfassen. Deswegen bedient sich der tibetische Buddhismus – gleich einer technischen Zeichnung oder eines Modells – des Maṇḍalas.[30] Es ist die symbolische Darstellung kosmischer Kräfte, die sich aus zahlreichen unterschiedlichen Elementen zu einer Einheit zusammenfügen. Mit einem Maṇḍala werden komplexe Bilder stufenweise verständlich gemacht. Sie sind ein Abbild des Universums, der drei Welten *[triloka]* (die Welt des Begehrens – der begierdelosen Körper oder der reinen Form und des Körperlosen oder der Nichtform) und des Mikro- und Makrokosmos. Wir finden in ihm aber auch die Elemente (Erde, Wasser, Feuer Luft und Äther) dargestellt, mit deren geistiger Schaffung der mehrstufige Visualisierungsprozeß eines Maṇḍalas (oder der im Geist entstandenen Wesen) beginnt.[5]

Ein Maṇḍala kann man als einen Zyklus von Hymnen betrachten, die man sich einzeln in der Meditation erschließen muß. Es dient also – neben den Kultbildern – der Meditation. Es stellt darüber hinaus einen Initiationsweg dar. Drei kreisförmige Mauern, die der Meditierende überwinden muß, umgeben den himmlischen Palast. Die äußere ist ein fünffarbiger Flammenkranz, der den Kosmos überwölbt und alles Unreine verbrennt, die Zone der Reinigung und des geistigen Freiwerdens. Ihm folgt die Diamantmauer oder der Vajra-Ring, der Bereich der Initiierung, der Kreis, der den mehrstufigen Weltenberg begrenzt. Die innere Mauer ist schließlich ein Lotoskranz, der auf dem Urozean

Reinigung, Niederwerfung, Pūjā

115 Reinigung des Körpers durch das Heben der zusammengelegten beiden Hände vor die Stirn

116 Niederwerfung

117 Andacht (pūjā)

Ausschnitt aus einem Yamāntaka- (Gelugpa) Ritual

118 Der Abt des Klosters sitzt auf seinem erhöhten Platz oder Thron

119 Der festlich geschmückte Tempel mit dem Glasschrein, in dem sich das aus gefärbtem Sand gestreute Maṇḍala befindet. Die Eleven sitzen mit dem Rücken zu ihm

120 In einer Pause des Rituals wird Tschampa gegessen. Hier einige Eleven bei der Mahlzeit

schwimmt. Man kann diesen Ring auch als die Stufe der geistigen Wiedergeburt ansehen. Er umschließt den himmlischen Palast, der die Form eines Diamantzepterkreuzes besitzt. – Diese drei Kreise, die von außen nach innen durchschritten werden, verkörpern die Dreiheit von Körper, Rede und Geist. – Nun gelangt der Meditierende durch eines der vier Tore, die Liebe, Mitempfinden, Freudigkeit und Gleichmut bedeuten,[5] in den himmlischen Palast oder die himmlische Stadt, wie dieser Bereich mitunter auch bezeichnet wird. Durch welches Tor er dorthin gelangt, hängt von seinem Reifegrad ab. Ein Neuling wird durch das „Tor Liebe" im Osten des Maṇḍala (unten), im Bereich der Buddha-Familie Vajra-Kula, deren Oberhaupt Akṣobhya, der Unerschütterliche (Farbe Blau), ist, den himmlischen Palast betreten. Derjenige, der auf seinem geistigen Weg weit fortgeschritten ist und bereits der höchsten Tantra-(Yoga) Klasse angehört, betritt den Palast durch das „Tor Gleichmut" im Westen (oben) im Bereich der Lotos-Kula. Ihr Oberhaupt ist Amitābha, das unermeßliche Licht, der Herr des Westlichen Paradieses (Farbe Rot).[5] – Im Innern des Palastes oder der Stadt finden wir die Wesen auf Lotosthronen dargestellt. Die geringste Anzahl von „Gottheiten", die es in einem Maṇḍala gibt, ist neun. Eine befindet sich bei ihm im Zentrum und je vier in den Haupt- und Nebenhimmelsrichtungen um sie herum. Dagegen besteht ein Maṇḍala des Cakrasaṃvara (tib. *Demchog*), um ein größeres zu nennen, aus etwas mehr als hundertsechzig im Geist entstandenen Wesen.[143] Sie werden nur zu einem kleinen Teil körperlich dargestellt. Meist geschieht es durch Bījas, esoterische Klangsymbole, andere Symbolzeichen oder auch nur durch einen Punkt. Zum weiteren Verstehen der Maṇḍalas führt Lama Anagarika Govinda aus: „Jede einzelne Gestalt steht für einen spezifischen Bewußtseinszustand, und man muß jede von ihnen erlebnishaft erkennen, was natürlich eine lange Zeit in Anspruch nimmt. Menschen, die einen solchen Sādhana* wirklich ausschöpfen wollen, müssen bereit sein, viele Jahre darauf zu verwenden, nicht nur das ganze Universum aufzubauen, sondern schließlich auch den Tempel, der dieses Universum krönt und in dem sich das Maṇḍala des Demchog mit einer Fülle von Farben, Einzelheiten und Materialien befindet. Es bedarf einer gewaltigen mentalen und spirituellen schöpferischen Anstrengung, um dieses Maṇḍala hervorzubringen."[143] – Indem sich der Meditierende innerlich in immer stärkerem Maße mit diesen im Geist entstandenen Wesen des Maṇḍalas identifiziert, öffnet sich ihm schließlich im Zentrum desselben eine Lotosblüte, und er sieht sich dann selber auf ihrem gelben Stempel ruhen. Er wird eins mit der „Gottheit" im Mittelpunkt, mit einem Aspekt des Erleuchteten, mit Buddha.[5] – Zum Abschluß der Medita-

* Sādhana-Texte beschreiben detailliert die als geistige Wirklichkeit zu erfahrenden Geistwesen, den Prozeß der bildhaften Visualisierung und ihrer Rückführung – Anmerkung des Autors.

tion wird alles gemäß dem betreffenden Sādhana in umgekehrter Reihenfolge zurückgeführt und aufgelöst.[5]

Es wird einem hier bewußt, daß der Buddha, so unterschiedlich auch seine Darstellungen aussehen und seine Namen lauten mögen, in seinem letztendlichen Zustand eine äußere Umgebung hat, die mit ihm vorhanden ist. So ist er durch das Maṇḍala und in dem dort abgebildeten Aspekt gegenwärtig.[30] Deswegen werden bei großen rituellen Handlungen aus farbigem Sand gestreute Maṇḍalas verwandt. Sie werden, da sich diese Zeremonien meist über mehrere Tage erstrecken, im Tempel in einem Glasschrein aufbewahrt. Am Ende des Rituals wird das Maṇḍala in Sekundenschnelle zerstört und der Sand zur Verteilung der Energie[153] in ein fließendes Gewässer geschüttet.

Uns ist bewußt geworden, daß die Anzahl der Maṇḍalas sehr groß sein muß. Bei den fünf Dhyāni-Buddhas haben wir erfahren, daß Akṣobhya und Vairocana mitunter ihre Positionen tauschen. Damit ändern sich auch ihre Farbsegmente im Maṇḍala. Hat der blaue Akṣobhya seinen Platz im Osten, so ist sein Feld Weiß. Ist dagegen der weiße Vairocana an seiner Stelle, dann ist das Feld im Osten blau und das Zentrum weiß.[5] – Betrachtet man ein Maṇḍala des Kalacakra, dann stimmt diese Farbsymbolik nicht, da sie anderen Regeln unterliegt. Es zeigt sich also, daß ein Maṇḍala eines Wesens das Spiegelbild ihres Spannungs- oder Bezugssystems, beziehungsweise die Wiedergabe oder Reflexion ihres Tantras oder Lehrsystems ist. Hieraus ergibt sich, daß es notwendig ist, die Wesen und ihre Maṇḍalas sehr sorgfältig zu studieren.

Es ist noch anzufügen, daß bei den Maṇḍalas der machtvollen Wesen gelegentlich außerhalb des Flammenkranzes, meist jedoch zwischen der Diamantmauer und dem Lotoskranz, ein weiterer Kreis vorhanden ist, auf dem die acht großen Leichenäcker Indiens dargestellt sind. Auf ihnen wird das Ich in den acht Bewußtseinsebenen, in dem der sechs Sinne, im Geistes- und im Speicherbewußtsein symbolisch verbrannt. Diese realistischen Bilder sind ein Spiegelbild des irdischen Daseins und sollen dem Meditierenden helfen, die Angst vor dem Tod zu überwinden und ihn selbst zu innerem Gleichmut zu führen.[5]

Zum Abschluß dieses Kapitels sei noch auf ein selten vorkommendes Maṇḍala hingewiesen. Es stellt eine Polaritätsvereinigung durch zwei übereinanderliegende Dreiecke dar, die ein Hexagramm bilden. Das mit der Spitze nach oben zeigende Dreieck symbolisiert das Männliche oder die Existenz, wohingegen das andere das Weibliche oder die Vergeistigung veranschaulicht. Im Hinduismus stellen sie Śiva und seine Gemahlin Para-Śakti dar. – In der Mitte der beiden aufeinanderliegenden Dreiecke sowie um das Zentrum herum sind im Geist entstandene Wesen körperlich oder durch ihre Symbolzeichen abgebildet. Ferner sind zum Teil in und um das Maṇḍala Glückssymbole, wie das Svastika (Hakenkreuz) und das Daiji-Zeichen, zu finden. Das Svastika ist ein vorbuddhistisches

121 Mit einer Schneckenhorntrompete werden Töne als eine Opfergabe dargebracht

122 Aufgehängte Pinsel zeigen in einem Kloster an, wie weit das Ritual fortgeschritten ist

123 Bei der Selbstinitiation in den Dhyāni-Buddha Ratnasambhava tragen die Mönche Kronen

Die Feueropferzeremonie am Ende von Ritualen

124 Auch zu Beginn dieses Teiles des Rituals werden tantrische Texte rezitiert

125 Der Dharma-Diener reicht eine Opfergabe an

126 Darbringung einer Opfergabe

Sonnensymbol, das auch im Hinduismus beheimatet ist. In der Bon-Religion dreht es sich linksherum, während es im Buddhismus rechtsdrehend ist und Buddha Gautama in seinem weltlichen Leben zugehörig war. Das Daiji-Zeichen, eine Variante des chinesischen Yin-Yan, wird im tibetischen Buddhismus als die Verflochtenheit von Saṃsāra und und Nirvāṇa angesehen.

Diamantzepter (vajra) und Glocke (ghaṇṭā) (Abb. 92)

Die beiden am häufigsten im tibetischen Buddhismus vorkommenden und gebrauchten Ritualgeräte dürften der Vajra und die Ghaṇṭā sein. Bei den kultischen Handlungen haben sie die Mönche in Händen oder vor sich auf ihren kleinen Tischchen liegen. Das Diamantzepter und die Glocke, die wir beide auch als Embleme bei zahlreichen friedvollen Gestalten finden, sind ein Zwillingssymbol, das die Zwillingseinheit der Gegensätze wie zum Beispiel der absoluten und der relativen Wahrheit ausdrückt.[144]

Der Vajra, der einstmals der „Donnerkeil" Indras war und (wie auch die Glocke) aus dem Hinduismus als Attribut übernommen wurde, gilt im Buddhismus als das Zepter höchster geistiger Macht und ist das aktive, männliche Symbol der geistigen Mittel und Wege, die zur erstrebten Weisheitserkenntnis der Leere (frei von mein, mir und Ich)[2], der wahren Wirklichkeit, führen. Der Vajra ist der Diamant von makelloser Reinheit, unzerstörbar und unvergänglich, der alles Unreine zerschneidet, vernichtet.

Die Ghaṇṭā hingegen ist aus einer Lotosblüte entwickelt worden und verkörpert das weibliche Prinzip. Die Glocke ist die Stimme des Dharma, die mit ihrem Ton die allesdurchdringende Weisheit veranschaulicht. Sie stellt aber auch die drei Eigenschaften eines Buddha dar. Der Vajraknauf symbolisiert den Geist, der Stiel mit dem Gesicht seinen Körper und die eigentliche Glocke seine Sprache.[30] So sind diese beiden Kultgeräte und Embleme ein Symbol für die angestrebte Vereinigung von Weg *(upāya)* und Weisheit *(prajñā)* und für die Aufhebung der Gegensätze in der Erkenntnis der Leerheit aller Erscheinigungen *(śūnyatā)*.[5]

Rituelle Handlungen

Reinigung und Niederwerfung (Abb. 115 u. 116)

Gleich wie im christlichen Raum der Gläubige beim Betreten einer Kirche Gott oder Christus seine Verehrung bezeigt, so tut das der Buddhist auch. Betritt er einen Tempel *(lhakhang)*, so legt er die beiden Handflächen mit den Fingerspitzen nach oben vor dem Herzen zusammen. Während die rechte Hand die Weisheit symbolisiert, drückt die linke die Methode aus. Die Geste bedeutet, daß sich auf seinem Weg Methode und Weisheit verbinden. Hebt er die zusammengelegten Hände oben auf seinen Scheitel, so drückt dies seinen Wunsch aus, im reinen

Buddhaland wiedergeboren zu werden. Darauf werden die zusammengelegten Hände vor die Stirn geführt, was die Reinigung aller körperlichen Verfehlungen zur Folge hat. Das Herunternehmen der Hände vor die Kehle bewirkt die Reinigung der verfehlten Reden. Und schließlich werden die Verfehlungen des Geistes durch das Senken der Hände vor das Herz, das einmal im tibetischen Buddhismus als in der Mitte der Brust sitzend und zum anderen als sein geistiges Zentrum angesehen wird, gereinigt.[89] So werden vor jeder sakralen Handlung die drei Reliquienbehälter für Körper, Rede und Geist (OṂ ĀH HŪṂ) gereinigt. Jede der vier Handhaltungen hat noch eine eigene symbolische Bedeutung. Sie drücken in der gleichen Reihenfolge aus: möge ich die Erleuchtungserhöhung, den Körper, die Sprache und den Geist des Buddha erlangen.[89] – Auch die verschiedenen Körperhaltungen haben eine symbolische Aussage. Das Niederknien bedeutet das stufenweise Erreichen der fünf Pfade und der zehn Bodhisattva-Ebenen,[2] und das Berühren des Bodens mit der Stirn symbolisiert den Wunsch, nach Möglichkeit auch später einmal die Erleuchtung zu erlangen[2].

Verständlicherweise kann hier nur die Symbolik der Niederwerfung und der Reinigung gestreift werden. Wer über sie seine Kenntnisse vertiefen möchte, sei wiederum auf das Buch von Lama Sherab Gyaltsen Amipa „Geistesschulung im tibetischen Buddhismus“ verwiesen.*

Rezitieren von tantrischen Schriften

Die Mönche müssen täglich tantrische Texte aus Büchern rezitieren, wobei große doppelseitig bespannte Ritualtrommeln geschlagen werden und bei Höhepunkten Becken oder Zimbeln ertönen. Die Instrumente kann man auch bei den unreformierten Lehrrichtungen aus den Häusern der Mönche hören, die außerhalb der Klöster wohnen und verheiratet sein können.

Andacht (pūjā) (Abb. 117)

Sakrale Handlungen werden zum Teil von Lehrrichtung / Schule zu Lehrrichtung / Schule, ja von Kloster zu Kloster anders durchgeführt, wenn sie auch der gleichen Thematik unterliegen. Das ist bei den Pūjās (Andachten) nicht viel anders, so daß die hier aufgezeigte vielleicht nur in einem Kloster** so ausgeführt wird. Die Andachten finden in den Tempeln statt, die meist, infolge der wenigen Fenster oder kleinen Lichtöffnungen unterhalb des Daches im Halbdunkel liegen. Eine Pūjā läßt sich nur schwer und dann auch nur unvollkommen beschreiben. Sie beginnen alle mit dem dreimaligen Sprechen der Formel, mit der seit altersher die Menschen ihre Zuflucht zum Buddhismus nehmen: „Ich nehme meine Zuflucht zum Erleuchteten [Buddha], ich nehme meine Zuflucht

---

* Siehe Literaturverzeichnis im Anhang.

** Kloster Hemis (Ladakh).

Das Ende eines großen Rituals

127 Am Ende der Zeremonie wird ein Torma geopfert

128 Entfernung der Gestalten aus dem Inneren des Maṇḍalas

129 Das zerstörte Maṇḍala

130 Der gefärbte Sand des Maṇḍalas wird in ein Gewässer geschüttet

Tscham-Mysterien

131 Der morgendliche und ausgeschmückte Klosterhof

132 Die große applizierte Thaṅgka mit dem Bild des Padmasambhava ist bereits ausgerollt

133 Die ersten Zuschauer finden sich bereits am frühen Morgen ein

zur Heilslehre [dharma], ich nehme meine Zuflucht zur Ordensgemeinschaft [saṅgha]. Diese drei Zufluchtziele (Buddha, die Lehre und die Mönchsgemeinschaft) findet man in der Triratna, den „Dreifachen Kleinodien“ oder den „Drei Juwelen des Buddhismus“ versinnbildlicht.

Eine Pūjā wird beherrscht von dem Chor der Mönche, die tantrische Texte rezitieren, und dem Rhythmus der dazu geschlagenen doppelseitig bespannten Ritualtrommel. Hinzu kommen an wichtigen Stellen Unterstreichungen durch die Handglocke *(ghaṇṭā)* und eine stundenglasförmige kleine Handtrommel *(ḍamaru)*. Bei besonderen Höhepunkten des Textes steigert sich der Rhythmus, Becken werden geschlagen und eine Schalmei setzt ihre Tremolos hinein. Dann wird der Rhythmus wieder ruhiger, bis er sich beim nächsten Höhepunkt der Liturgie erneut steigert. So gleichsam fortfahrend wie Ebbe und Flut. – Wenn auch nur wenige Mönche an einer Pūjā teilnehmen, so geht doch eine unwahrscheinliche Faszination von ihr aus. Man könnte meinen, den Pulsschlag der Erde, ja des Kosmos zu spüren.

Ausschnitt aus einem Yamāntaka-(Gelugpa) Ritual (Abb. 118–123)

Yamāntaka, ein Wächter der Lehre oder Dharmapāla, wird bei den Gelugpas als Besieger des Todes und als „Gottheit“ verehrt, die von allem Bösen befreit. Deshalb finden in den Klöstern dieser Lehrrichtung zur Bereinigung aller Fehler und Verstöße, die gegen das Gelübde und die tantrischen Übungen begangen worden sind, alle fünfzehn Tage Yamāntaka-Rituale statt. Sie gehören in die Gruppe der befreienden Handlungen und erstrecken sich über mehrere Tage (eine Dauer von einer Woche ist bekannt). Daraus kann geschlossen werden, daß die Gelugpas mit den Yamāntaka-Ritualen die Beichtfeiern (tib.: *so-dschong*) verbinden, die bereits zu Lebzeiten des Buddha in diesen Zeitabständen durchgeführt wurden.[1] – Das Yamāntaka-Ritual besteht wiederum meist aus dem Rezitieren tantrischer Texte, zahlreicher Selbstinitiationen und Meditationen. – Es wurde bereits früher dargelegt, daß mit dem Maṇḍala der in seinem Zentrum symbolisch dargestellte Aspekt des Buddha präsent ist,[30] und daß ein Maṇḍala eine Meditationshilfe ist, deren sich der Meditierende bei den Initiationen und/oder Selbstinitiationen bedient. Es wurde auch schon ausgeführt, daß ein Maṇḍala eine Fülle von Details enthält. Sie könnten einen Initianden bei seinem Eintritt in ein Maṇḍala verwirren, und damit bei diesem Schritt nicht zu viele Dinge auf ihn zukommen, legt er sich symbolisch eine Binde vor die Augen. Das geschieht mit einem roten Band (tib.: *mig-dar*), das über die Stirn (und über die Ohren) gelegt wird (es ist auf Abb. 121 zu sehen).[30]

Wir erfuhren bereits, daß Kultbilder im Buddhismus zum Zeichen der Verehrung bekleidet werden. Deswegen legen sich auch die Mönche bei einer Zeremonie, bevor sie in eine Selbstinitiation in einen Dhyāni-Buddha eintreten, ebenfalls Brokatumhänge um, da sie ja hierbei eins mit ihm werden.

Der Buddha hat sich, entgegen dem von ihm erlassenen Ordensgebot, nie das Haupthaar schneiden lassen, sondern es sich zu einer eindrucksvollen Uṣṇīṣa (Erleuchtungserhöhung) aufgetürmt.[30] So ist es folgerichtig, daß sich auch die Mönche vor einer entsprechenden Stelle des Rituals und Selbstinitiation in einen entsprechenden Aspekt des Erleuchteten – sie werden ja eins mit Buddha – eine Uṣṇīṣa auf den Kopf setzen. Die Perlenschnüre an ihnen lassen erkennen, wie weit der betreffende Mönch auf seinem geistigen Weg fortgeschritten ist, das heißt, wie viele Initiationen er erhalten hat. Der Vajra an der Spitze der Uṣṇīṣa symbolisiert die Effektivität der tantrischen Praxis oder der großen Kraft, die die Fehler des eigenen Geistes beseitigt.[30]

Wie wir wissen, werden bei kultischen Handlungen den hungernden und dürstenden Wesen Opfergaben dargebracht. Jedoch sind jene oft ängstlich und dürfen nicht durch die glänzenden Augen der Meditierenden erschreckt werden. Deswegen legen sich die Mönche vor dem Eintritt in die Opferhandlungen eine weitere Binde vor die Augen,[30] die „fransenartig" gearbeitet ist. – Bevor später eine Selbstinitiation in den Dhyāni-Buddha Ratnasambhava erfolgt, setzen sich die Mönche in der Pause davor auch zusätzlich noch eine Bodhisattva-Krone auf den Kopf. Über ihre Bedeutung wurde bereits gesprochen.

Bei allen kultischen Handlungen werden im tibetischen Buddhismus auch Opfergaben in Form von Klängen dargebracht. Bei der Pūjā war bereits von einer Trommel, Becken oder Zimbeln, einer kleinen doppelseitig bespannten und stundenglasförmigen Handtrommel *(ḍamaru)* sowie einer Schalmei die Rede. Zu ihnen gesellt sich jetzt noch eine weiße Schneckenhorntrompete *(śaṅkha)*.

Am Ende des Rituals wird das aus farbigem Sand gestreute Maṇḍala in Sekundenschnelle zerstört und dann der Sand zur Verteilung der Energie[153] in ein fließendes Gewässer geschüttet.

Betrachtet man die dem Kapitel beigegebenen Bilder etwas genauer, dann fällt auf (Abb. 123), daß die Kronen der Mönche [in diesem Kloster] bei den Zeremonien golden und silberfarben sind. Ferner ist zu sehen, daß auf ersteren die fünf Dhyāni-Buddhas abgebildet sind, während auf den silberfarbenen an ihrer Stelle fünf Bijas, heilige Silben, esoterische Klangsymbole, vorhanden sind. Was mag das bedeuten? Es wurde uns bereits bewußt, daß unser Leben auf verschiedenen Ebenen verläuft, und daß jeder Erleuchtete in Form von drei Körpern *(trikāya)* oder auf drei Ebenen *(triloka)* existiert. Und da die Mönche in ihren Meditationen eins mit Buddha, ja zu Buddha werden, setzen sich die Lamas – wenn der betreffende Aspekt des Erwachten mit einer Krone dargestellt wird – an entsprechenden Stellen des Rituals auch eine fünfzackige Krone auf den Kopf. Ihr Aussehen wechselt entsprechend den drei Körpern, je nachdem, welcher der drei Stufen der betreffende Mönch angehört. Auf den Kronen der unteren Stufe, die die Welt des Scheins oder der Wandlung *(nirmāṇakāya)* symbolisieren, sind die fünf Dhyāni-Buddhas körperlich zu sehen. Dagegen finden wir bei den

134 Zwei Radonbläser lassen mit ihren Instrumenten einen langen, leicht an- und abschwellenden Dauerton erschallen

135 Der Abt des Klosters, der junge Duckchen Rinpoche

136 Ein Lama schlägt den Takt zu den Tänzen

137 Die Schwarzhutzauberer reinigen den Platz

138 Padmasambhava umschreitet unter einem Ehrenschirm die Spielfläche

139 Padmasambhava und seine Erscheinungsformen

Lamas, die weiter fortgeschritten sind, [in diesem Kloster] silberfarbene Kronen, auf denen Bījas dargestellt sind, die die Ebene der geistigen Schauung *(sambhogakāya)* veranschaulichen. Und schließlich gibt es wiederum [in diesem Kloster] goldfarbene Kronen mit fünf Bījas, die für die Ebene des Transzendenten, des alle Erfahrungen übersteigenden *(dharmakāya)* stehen, und der höchsten Stufe zugehörig sind. (Abb. 126).

Über die Sitzordnung der Mönche in den Tempeln ist auch noch etwas zu sagen. Auf der Türseite im Osten sitzen die Eleven und Uneingeweihten. Auf den Sitzpolstern in den Längsreihen haben die Lamas in der Reihenfolge ihren Platz, wie sie auf ihrem geistigen Weg fortgeschritten sind. Und schließlich finden wir am Westende einer Reihe den Abt auf seinem erhöhten Platz oder Thron und bei Ritualen ihm gegenüber den Schrein mit dem gestreuten Maṇḍala.

Feueropferzeremonie (Abb. 124–127)

In Verbindung mit allen Hevajra-Formen, zu denen zum Beispiel auch Cakrasaṃvara gehört[2], findet am Ende ihres Rituals eine Feueropferzeremonie statt. Hierfür gibt es eine aus Erdziegeln gemauerte und weiß getünchte Feuerstelle, die auf einem kleinen Hof eines Klosters liegt, aber gelegentlich auch am Rande einer Ansiedlung im Freien zu finden ist: – Die Handlungen beginnen, wie wohl bei allen Zeremonien, mit dem Rezitieren tantrischer Texte, bei denen die Mönche bereits ihre Binden und Brokatumhänge umgelegt haben und Kronen tragen. Dann wird das Feuer entzündet, und ein Dharmadiener reicht dem Leitenden die erste Opfergabe in einer Schale. Er nimmt mit seiner rechten Hand, in der er bereits seinen Vajra, das Zepter der diamantklaren Wahrheit, hält, ein paar Körner und streut letztere in das vor ihm brennende Feuer. Geopfert werden unter anderem Zuckerrohr, Edelholz, Butter, Dūrvā-(Langlebens-) Gras, Gewürze, Weihrauch, Reis- und Getreidekörner sowie Klänge von den uns bekannten Musikinstrumenten. Am Ende der Feueropferzeremonie wird ein Opferkuchen *(torma)*, nachdem er auf einem langstieligen Löffel mit Öl übergossen wurde, verbrannt. – Es ist hier vielleicht noch anzufügen, daß sich ein derartiges Ritual über eine Dauer von drei bis vier Stunden erstreckt und daß dabei etwa ein Sack getrockneter Dungfladen (mit kleiner Flamme und geruchlos) verbrannt werden. – Anschließend wird das gestreute Maṇḍala der Gestalt, des gedachten Aspektes des Buddha, dem das Ritual galt, im Tempel zerstört und der farbige Sand zur Verteilung der Energie in ein fließendes Gewässer geschüttet.[154]

Interessant ist vielleicht noch zu wissen, daß in einem Kloster der reformierten Lehrrichtung der „Gelbmützen“, den Gelugpas oder Tugendhaften, auch ein Abt einer unreformierten Schule der „Rotmützen“ ein Ritual leiten kann, wie es der Autor bei einem Cakrasaṃvara-Ritual ausschnittsweise erlebt hat.

Tscham-Mysterien (Abb. 131–151)

Die tibetischen Mysterienspiele haben, wie alle anderen aus früherer Zeit, ihren Ursprung in den rituellen Tänzen der Magie, um durch symbolische Gesten und im Glauben an die magische Kraft des rituellen Rezitierens heiliger Silben und Formeln alle bösen Einflüsse abzuwehren und die Segenskraft auf den Ort herabzuziehen. Das ursprüngliche Ziel des Tscham wird es gewesen sein, zu Beginn eines neuen Jahres die dämonischen Mächte durch Blut-, ja wohl auch durch Menschenopfer, friedlicher zu stimmen. Da das der buddhistischen Lehre widerspricht, werden jetzt, wohl in Fortführung alter Bräuche, am zweiten Tag nach der Mittagspause* vor dem Tempel symbolische Tieropfer vollzogen. Der Sinn und die Bedeutung der Tscham-Mysterien und der einzelnen Abschnitte ist sehr vielschichtig und wird unterschiedlich interpretiert. Das verwundert nicht, wenn man weiß, daß hier viele geistige Strömungen miteinander verwoben sind. So hat zum Beispiel die früher in diesem Raum herrschende Bonreligion den späteren Buddhismus stark beeinflußt (wie später wiederum umgekehrt). – Die Spiele finden in den Haupthöfen der Klöster statt und ziehen die Zuschauer mit in das Mysterienspiel ein. Darsteller und Zuschauer verschmelzen zu einem gemeinsamen Erleben. Es wird, wie Lama Govinda sagt, „der Kampf zwischen den Kräften des Lichts und der Finsternis, zwischen dem Göttlichen und dem Dämonischen, zwischen den titanischen Kräften des Verfalls und der Auflösung und dem eingeborenen Drang nach dem Leben: dieser Kampf wird sowohl auf der historischen Ebene wie im zeitlosen Bereich der menschlichen Seele dargestellt.“[146] Hier stehen sich aber auch tiefster Ernst und das Erhabene dem Lächerlichen und dem Humorvollen gegenüber. Beklemmend ist zu erleben, wie plötzlich zwei grotesk grinsende Masken die Bewegungen der heiligen Tänzer nachäffen, in den feierlichen Kreis hinein und wieder herausspringen, in die Gesichter der Tanzenden starren, als ob sie den göttlichen und dämonischen Kräften trotzen und sie mit Spott überschütten wollen. Die Tänzer lassen sich von den Eindringlingen jedoch nicht irritieren, übersehen sie und setzen, ohne in ihren Bewegungen einzuhalten und ihr heiliges Tun zu unterbrechen, ihr Handeln fort, als ob es die beiden Störenfriede überhaupt nicht geben würde. Ganz anders ist die Szene,** in der ein altersschwacher Mann – der als Hoschang Gyalpo, als König von China, beziehungsweise als buddhistischer Patron, der bekannte Dickbauch-Buddha gedeutet wird[147] – mit einem Gefolge von Kindern in Erscheinung tritt. Sie balgen sich ständig untereinander und machen insbesondere Hoschang Gyalpo seinen Platz auf seinem Thron streitig. Doch wir dürfen uns nicht von dem heiteren kleinen Nachspiel, das wohl bewußt angefügt wurde, um die Zuschauer in den Alltag zurückzuführen, täuschen lassen. Der Tscham im tibetischen Raum kann

---

* Im Kloster Hemis (Ladakh).

** Im Kloster Hemis am Ende des zweiten Tages.

140 Eine Opferzeremonie vor dem Linga

141 Tsimara und sein affenköpfiger Begleiter

142 Yamāntaka und Mahākāla, zwei Beschützer der Lehre

143 Guru Senge Dadog, oder auch nur Guru Dragpo (zornvoll), der am Tag zuvor das Linga zerstört hat

144 Ein Chechog Nga

145 Vier Bhikṣu (Mönche) mit ihren Almosenschalen

nur im Zusammenhang mit dem tibetischen Totenbuch gesehen werden. Lama Govinda fügt hinzu: „Es macht klar, daß alle Götter und Dämonen, die Kräfte des Lichtes und der Finsternis in uns selber sind, und daß diejenigen, die den Herrn des Todes besiegen wollen, imstande sein müssen, ihm ins Antlitz zu schauen und ihn inmitten des Lebens anzuerkennen."[148]

Zu Beginn des Tscham-Mysterienspieles ertönen zwei Radons mit ihrem mächtigen, langanhaltenden Ton. Es sind vier Meter lange und tubenartige Instrumente, die sich teleskopartig ineinander schieben lassen. Sie werden abwechselnd geblasen, so daß ein leicht an- und abschwellender Dauerton entsteht. Zu diesem Zeitpunkt geht im Dukhang, der großen Versammlungshalle des Klosters, ein (Segens- und Reinigungs-?) Ritual zu Ende. Kurz darauf ertönen von dort Schalmeien, und im feierlichen Zug werden, unter dem Voranschreiten zweier Schalmeienbläser und zweier Mönche, die Weihrauchgefäße tragen, die Würdenträger des Klosters auf ihre Plätze geleitet. Ihnen folgen dreizehn Schwarzhutzauberer, die langsam die Tanzfläche umschreiten und sich dabei auch jeder rechtsherum um seine eigene Achse drehend im großen Kreis bewegt. Die Schwarzhutzauberer tragen kostbare Seidenbrokatgewänder mit weiten Ärmeln und auf den Köpfen schwarze, aus Yakhaar gefertigte breitkrempige Hüte mit einem Totenkopf an der Spitze, sowie einen weiteren vor ihrer Brust. In ihren Händen halten die Tänzer Schädelschalen *(kapāla)* und dreischneidige Ritualdolche (Skt.: *vajrakīla*, tib.: *phurbu*), mit denen Dämonen und böse Geister sowie Gier, Haß und Wahn, die Drei Grundübel oder geistigen Gifte, vernichtet werden.[81] – Die Schwarzhutzauberer waren einstmals Bonpriester und Meister der schwarzen Magie, die mit dem in der Folgezeit aufkommenden Buddhismus in Widerstreit lagen. Später wurden sie in die neue Religion integriert und haben im buddhistischen Tscham ihren Platz zur Austreibung teuflischer Einflüsse gefunden. Der Tanz ist langsam und feierlich, begleitet von tiefen Trommelschlägen, die den Takt angeben; Hörner und Zimbeln vermischen sich mit dem Rezitieren heiliger Texte. Die nächste Tanzgruppe besteht aus sechzehn Chen Phab Tänzern, die bunte Roben und Metallmasken tragen. Das Rasseln ihrer kleinen stundenglasförmigen und doppelseitig bespannten Handtrommeln *(ḍamaru)* sowie das Läuten ihrer Glocken *(ghaṇṭā)* soll alle Anwesenden von den fünf geistigen Giften (Nichtwissen, Haß, Gier, Neid und Eitelkeit/falscher Stolz) reinigen.

Nach den Reinigungszeremonien erscheint der Lotosgeborene Padmasambhava als Guru Rinpoche unter einem Ehrenschirm, wie alle anderen Tänzer vor ihm, aus dem Dukhang auf der Spielstätte. Er ist in Begleitung seiner verschiedenen Verkörperungen: „als Buddha Śākyamuni, als König, als Gelehrter, als Yogi, als Mönch und in seinen schrecklichen Erscheinungsformen als Besieger der Dämonen, als Beschützer der heiligen Lehre und als Offenbarer der letzten, alle Begriffe vernichtenden Wahrheit."[137] Sie umschreiten – wie alle anderen – zunächst dreimal die Spielfläche und nehmen dann am Rand derselben Platz, während eine weitere Gruppe, die, nachdem sie zunächst ein Gleiches getan hat, Padmasambhava, der den Buddhismus nach Tibet brachte, die Ehre erweist. Nun beginnen nacheinander die Verkörperungen des Padmasambhava im Kreise zu tanzen, und anschließend kehren die mit ihm und der ihnen gefolgten Gruppe in den Tempel zurück. So erscheint Gruppe auf Gruppe auf der Spielfläche und kehrt nach ihrem Tanz in das Klostergebäude zurück. Besonders sind später die zehn Dharmapāla mit ihrem schreckeinflößenden Aussehen zu erwähnen, die als „Beschützer der Lehre" anzusehen sind. Zu ihnen gehört der blauschwarze Mahākāla (tib.: *Gönpo*), die machtvolle Verkörperung des Bodhisattva der Barmherzigkeit, in drei verschiedenen Emanationen – Śrīdevī (tib.: *Peldenlhamo*), die Beschützerin der Dalai und der Panchen Lamas sowie der Stadt Lhasa, und der Besieger des Herrn des Totenbereichs, des Yama, Yamāntaka, eine der zornvollen Erscheinungsformen des Bodhisattva der transzendenten Erkenntnis und aktiver Weisheit des Mañjuśrī. – Weitere Gruppen sind unter anderen vier Wandermönche mit ihren Almosenschalen – die Wächter der vier Tore und der Himmelsrichtungen und vier Citipatis, die Herren der Friedhöfe oder Leichenäcker, die die Zuschauer an die Vergänglichkeit des Lebens denken lassen sollen. – Der erste Höhepunkt des Tscham ist die symbolische Vernichtung der Feinde des Dharma, veranschaulicht durch ein Linga, ein Ersatzwesen, das durch Sengge Dadog (oft auch nur kurz als Dragpo = zornvoll bezeichnet) zerstückelt wird, eine der machtvollen Vorstellungsformen des Padmasambhava. – Im letzten Teil dagegen erschlägt der stierköpfige und furchterregende Herr des Totenbereichs Yama (tib.: *Schindsche*) „in Begleitung aller Schreckensgespenster, die das geängstigte Gewissen des Menschen heraufbeschwört, den Dämon der Ichheit und des Egoismus [ebenfalls durch ein Linga dargestellt] und vollzieht das einzige Opfer, das der Buddha anerkennt: das Opfer des eigenen Ich.[148] Der Herr des Todes aber ist kein geringerer als der Große Barmherzige: Avalokiteśvara. So kam es, daß die blutigen Opfer der Vergangenheit durch das Opfer unseres kleinen Selbst ersetzt wurden…

Padmasambhava, einer der weisesten Lehrer aller Zeiten, gab auf diese Weise dem magischen Ritual, das von Bonpriestern seit undenklichen Zeiten von Generation zu Generation weitergegeben worden war, eine neue Bedeutung. Statt der blutigen Opfer, mit denen der Mensch die dunklen Mächte, die sein Dasein zu vernichten drohten, zu beschwören suchte, trat das Opfer der Selbstüberwindung."[148]

Den Ablauf des Tscham-Mysterienspiels vermögen Worte nur schwer zu schildern und verständlich zu machen, und der Sinn muß vielen – wohl auch infolge ihres zu stark auf materielle Dinge gerichteteten Denkens – verborgen bleiben. Jedoch für die Menschen, die dort leben und in ihrem Glauben verwurzelt sind, und denen ihre Symbole eine ganze geistige Welt eröffnen, hat sich ein Mysterium offenbart. Und wir sollten versuchen, die Gedanken, die diesem Mysterienspiel zugrundeliegen, in ihrer Tiefe zu erfassen und zu verstehen.

146 Die zehn Ging Chu schlagen ihre Trommeln, stoßen Schreie aus und zeigen damit ihre Freude, daß die Feinde der Lehre durch Guru Senge Dadog vernichtet worden sind (am ersten Nachmittag)

147 Die Wächter der Tore und der Himmelsrichtungen

148 Vier Citipatis, die die Menschen an den Tod gemahnen sollen

149 Yama betritt die Spielfläche

150 Yama, der Herr des Totenbereichs, zerstückelt das Linga und opfert sich damit selbst

151 Die Zuschauer zerstreuen sich

Anhang

Hinweise zur Aussprache der Sanskritwörter

In diesem Buch sind die in Sanskrit vorkommenden Namen und Begriffe nach der offiziellen wissenschaftlichen Umschrift wiedergegeben.

Vokale

a, i, u	werden etwa wie im Deutschen ausgesprochen
ā, ī, ū	sind Langvokale und werden in deutsch wie „malen" oder „lieben" ausgesprochen
e und o	sind stets lange Vokale
ṛ	ist in Sanskrit ein Vokal und wird wie ein „r" mit einem kurzen nachhallenden „i" ausgesprochen.
ai und au	werden wie im Deutschen ausgesprochen

Konsonanten

ṅ	ungefähr wie in deutsch „ng" in „Engel"
c	ungefähr wie in deutsch „tsch" in „Tschechien"
j	ungefähr wie in deutsch „dsch" in „Dschungel"
ñ	ungefähr wie in spanisch „n" in „España"
ṭ ṭh, ḍ ḍh, ṇ	ungefähr wie t, th, d, dh, n aber mit zurückgebogener Zunge
v	ungefähr wie in deutsch „v" in „Vase"
ś ṣ	ungefähr wie in deutsch „sch"

Ein „h" muß immer gesprochen werden wie z. B. „Budd-ha" und nicht „Budda" und dient niemals als Dehnungszeichen wie im Deutschen.

„y" ist im Sanskrit ein Konsonant und ist wie ein „j" in „jung" oder „Jahr" auszusprechen.
„ṃ" nach einem Vokal führt dazu, daß dieser nasal ausgesprochen wird, also z. B. „-aṃ" wie „en" in französisch „enquête".

Die restlichen Konsonanten können ungefähr wie im Deutschen ausgesprochen werden.

Betonung

Die Betonung von Sanskritwörtern hängt davon ab, ob die Silbe lang oder kurz ist. Eine Silbe ist dann lang , wenn entweder der Vokal lang ist (ā, ī, ū, e, o, ai, au) oder aber auf einen kurzen Vokal zwei oder mehr Konsonanten folgen.

Es gelten ungefähr folgende Betonungsregeln:

1. Der Ton liegt normalerweise auf der vorletzten Silbe (z. B. „mū́ni", „dhyā́ni", „Siddhā́rtha" etc.).
2. Bei Wörtern mit mehr als zwei Silben gilt:
   2.1. Ist die vorletzte Silbe kurz, dann wird die drittletzte Silbe betont (z. B. „Gáutama" und nicht „Gautáma", „Maudgalyā́yana" etc.).
   2.2. Sind die vorletzte und die drittletzte Silbe kurz, dann wird die viertletzte betont, gleichgültig, ob sie lang oder kurz ist (z. B. „Vájradhara" etc.).

Quellenhinweise

1) Tibet-Institut, Rikon / Schweiz, persönliche Informationen
2) Advayavajra (Dr. Karl-Heinz Gottmann): persönliche Informationen
3) Govinda, Anagarika: Weg der weißen Wolken, Bern / München / Wien 1981, S. 271
4) Thiele, Prof. Dr. Peter, Stuttgart: persönliche Information
5) Advayavajra (Dr. Karl-Heinz Gottmann): Ausführungen bei einem Seminar
6) Govinda, Anagarika: Der Stupa, Freiburg 1978, S. 78 f.
7) ebenda S. 68 ff.
8) Govinda, Annagarika: Grundlagen tibetischer Mystik, Zürich / Stuttgart 1966, S. 5
9) Könchog, Gyaltsen Rinpoche Khenpo: Auf der Suche nach dem reinen Nektar des langen Lebens, Grundlagen des tibetischen Buddhismus, Berlin 1994, S. 144
10) Govinda, Anagarika: Grundlagen tibetischer Mystik, Zürich / Stuttgart 1966, S. 13
11) ebenda S. 253
12) ebenda S. 149
13) ebenda S. 317
14) ebenda S. 253
15) ebenda S. 95
16) ebenda S. 221
17) ebenda S. 145
18) Olschak, Blanche Christine und Gesche Thupten Wangyal: Mystik und Kunst Alttibets, Bern / Stuttgart 1972, S. 196
19) Govinda, Anagarika: Grundlagen tibetischer Mystik, Zürich / Stuttgart 1966, S. 276
20) Govinda, Anagarika: Buddhistische Reflexionen, Bern / München / Wien 1983, S. 244
21) Gireesan, Dr., Madras, Indien: persönliche Informationen
22) Govinda, Anagarika: Weg der weißen Wolken, Bern / München / Wien 1981, S. 47 f.
23) ebenda S. 371
24) Govinda, Anagarika: Grundlagen tibetischer Mystik, Zürich / Stuttgart 1966, S. 285 f.
25) Amipa, Lama Sherab Gyaltsen: Geistesschulung im tibetischen Buddhismus, Interlaken 1986, S. 60 f.
26) Govinda, Anagarika: Grundlagen tibetischer Mystik, Zürich / Stuttgart 1966, S. 288
27) Olschak, Blanche Christine und Gesche Thupten Wangyal: Mystik und Kunst Alttibets, Bern / Stuttgart 1972, S. 217
28) Amipa, Lama Sherab Gyaltsen: Geistesschulung im tibetischen Buddhismus, Interlaken 1986, S. 62 f.
29) ebenda S. 79 ff.
30) Ngawang, Gesche Thubten: Tibetisches Zenturm Hamburg, persönliche Informationen
31) Olschak, Blanche Christine: Perlen alttibetischer Literatur, München 1970, S. 140 f.
32) Govinda, Anagarika: Weg der weißen Wolken, Bern / München / Wien 1981, S. 26

33D) Dagyab, Loden Sherap Rinpoche: Buddhistische Glückssymbole im tibetischen Kulturraum, München 1992, S. 39
34D) ebenda S. 41
35D) ebenda S. 49
36D) ebenda S. 48 f.
37D) ebenda S. 60 f.
38D) ebenda S. 55
39D) ebenda S. 55 f.
40D) ebenda S. 63
41D) ebenda S. 67 f.
42D) ebenda S. 64
43D) ebenda S. 70
44D) ebenda S. 71 f.
45D) ebenda S. 24
46D) ebenda S. 73
47D) ebenda S. 74 f.
48D) ebenda S. 77
49D) ebenda S. 79 f.
50D) ebenda S. 80 f.
51D) ebenda S. 83 u. 86
52D) ebenda S. 83 f.
53D) ebenda S. 87
54D) ebenda S. 93 f.
55D) ebenda S. 96 f.
56D) ebenda S. 99
57D) ebenda S. 100
58D) ebenda S. 101
59D) ebenda S. 102
60D) ebenda S. 103 f.
61D) ebenda S. 105 f.
62D) ebenda S. 107
63D) ebenda S. 109
64D) ebenda S. 110
65D) ebenda S. 113
66D) ebenda S. 93
67D) ebenda S. 119
68D) ebenda S. 119 f.
69D) ebenda S. 120
70D) ebenda S. 120 f.
71D) ebenda S. 121
72D) ebenda S. 138
73D) ebenda S. 133 ff.
74) The Library of Tibetan Works and Archives, Dharamsala / Indien, persönliche Information
75D) Dagyab, Loden Sherap Rinpoche: Buddhistische Glückssymbole im tibetischen Kulturraum, München 1992, S. 84
76) Lauf, Detlev Ingo: Eine Ikonographie des tibetischen Buddhismus, Graz 1979, S. 88 und Tafel 34
77) Keilhauer, Anneliese und Peter: Ladakh und Zanskar – Lamaistische Klosterkultur zwischen Indien und Tibet, Köln 1980, S. 324
78) Govinda, Angarika: Der Kreis, Informationsblatt des Ordens ĀMM Nr. 191 1989, S. 15
79) ebenda S. 11
80) Lavizzari-Raeuber, Alexandra: Thangkas, Rollbilder aus dem Himalaya, Kunst und symbolische Bedeutung, Köln 1984, S. 175
81) Lauf, Detlef Ingo: Geheimlehren tibetischer Totenbücher, Freiburg/i. B. 1979, S. 173
82) Olschak, Blanche Christine und Gesche Thupten Wangyal: Mystik und Kunst Alttibets, Bern / Stuttgart 1972, S. 215

83) Keilhauer, Anneliese und Peter: Ladakh und Zanskar – Lamaistische Klosterkultur zwischen Indien und Tibet, Köln 1980, S. 159

84) Lavizzari-Raeuber, Alexandra: Thangkas, Rollbilder aus dem Himalaya, Kunst und mystische Bedeutung, Köln 1984, S. 178

85) Grünwedel, Albert: Mythologie des Buddhismus in Tibet und der Mongolei, Osnabrück 1970, S. 178 (Reprint der Ausgabe von 1900)

86) Hoffmann, Helmut: Symbolik der tibetischen Religionen und des Schamanismus, Stuttgart 1967, S. 27.

87) Roth, MA Hans, Seminar für Sprach- und Kulturwissenschaft Zentralasiens der Universität Bonn: persönliche Information

88) Amipa, Lama Sherab Gyaltsen: Geistesschulung im tibetischen Buddhismus, Interlaken 1986, S. 112

89) Dahortsang, Loten, Lama, Klösterliches Tibet-Institut, Rikon: persönliche Information

90) Govinda, Anagarika: Buddhistische Reflexionen, Bern / München / Wien 1983, S. 176

91) Lavizzari-Raeuber, Alexandra: Thangkas, Rollbilder aus dem Himalaya, Kunst und mystische Bedeutung, Köln 1984, S. 174

92D) Dagyab, Loden Sherap Rinpoche: Buddhistische Glückssymbole im tibetischen Kulturraum, München 1992, S. 43

93) Lexikon der östlichen Weisheitslehren, Bern / München / Wien 1986, S. 450

94) Govinda, Angarika: Der Kreis, Informationsblatt des Ordens ĀMM Nr. 190, 1989, S. 11

95) Butzenberger, Prof. Dr. Klaus: persönliche Information

96) Lavizzari-Raeuber, Alexandra: Thangkas, Rollbilder aus dem Himalaya, Kunst und mystische Bedeutung, Köln 1984, S. 183

97) Govinda, Anagarika: Der Weg der Weißen Wolken, Bern / München / Wien 1981, S. 360

98) Lexikon der fernöstlichen Weisheiten 1986, S. 400

99) Amipa, Lama Sherab Gyaltsen: Geistesschulung im tibetischen Buddhismus, Interlaken 1986, S. 188

100) Keilhauer, Anneliese und Peter: Ladakh und Zanskar – Lamaistische Klosterkultur zwischen Indien und Tibet, Köln 1980, S. 155

101) ebenda S. 157

102) Lavizzari-Raeuber, Alexandra: Thangkas, Rollbilder aus dem Himalaya, Kunst und mystische Bedeutung, Köln 1984, S. 163

103) Lauf, Detlef Ingo: Geheimlehren tibetischer Totenbücher, Freiburg /i. B. 1977, S. 164

104) Lavizzari-Raeuber, Alexandra: Thangkas, Rollbilder aus dem Himalaya, Kunst und mystische Bedeutung, Köln 1984, S. 123

105) Olschak, Blanche Christine und Gesche Thupten Wangyal: Mystik und Kunst Alttibets, Bern / Stuttgart 1972, S. 136

106) Govinda, Anagarika: Buddhistische Reflexionen, Bern / München / Wien 1983, S. 278

107) Advayavajra (Dr. Karl-Heinz Gottmann): Der Kreis, Informationsblatt des Ordens ĀMM Nr. 205 1992, S. 11

108) Lavizzari-Raeuber, Alexandra: Thangkas, Rollbilder aus dem Himalaya, Kunst und mystische Bedeutung, Köln 1984, S. 166 f.

109) Keilhauer, Anneliese: Buddhismus, Stuttgart 1980, S. 143

110) Lexikon der fernöstlichen Weisheiten, Bern / München / Wien 1986, S. 455

111) Kunstamt Berlin-Tempelhof: Ausstellungskatalog 1981, S. 250

112) Lavizzari-Raeuber, Alexandra: Thangkas, Rollbilder aus dem Himalaya, Kunst und mystische Bedeutung, Köln 1984, S. 166

113) Govinda, Anagarika: Weg der weißen Wolken, Bern / München / Wien 1981, S. 389 f.

114) Goepper, Prof. Dr. Roger: Alchi, Buddhas · Göttinnen · Mandalas, S. 19

115) Lavizzari-Raeuber, Alexandra: Thangkas, Rollbilder aus dem Himalaya, Kunst und symbolische Bedeutung, Köln 1984, S. 168

116) Govinda, Anagarika: Buddhistische Reflexionen, Bern / München / Wien 1983, S. 182

117) Amipa, Lama Sherab Gyaltsen: Geistesschulung im tibetischen Buddhismus, Interlaken 1986, S. 190

118) Advayavajra (Dr. Karl-Heinz Gottmann): Der Kreis, Informationsblatt des Ordens ĀMM, Nr. 205, 1992, S. 6 ff.

119) Govinda, Anagarika: Weg der weißen Wolken, Bern / München / Wien 1981, S. 369

120) Advayavajra (Dr. Karl-Heinz Gottmann): Der Kreis, Informationsblatt des Ordens ĀMM, Nr. 205, 1992, S. 10

121) ebenda Nr. 204, 1992, S. 18

122) ebenda Nr. 205, 1992, S. 19

123) Govinda, Anagarika: Weg der weißen Wolken, Bern / München / Wien 1981, S. 89

124) Advayavajra (Dr. Karl-Heinz Gottmann): Der Kreis, Informationsblatt des Ordens ĀMM, Nr. 204, 1992, S. 14

125) Keilhauer, Anneliese und Peter: Ladakh und Zanskar – Lamaistische Klosterkultur zwischen Indien und Tibet, Köln 1980, S. 171

126) Könchog, Gyaltsen Rinpoche Khenpo: Auf der Suche nach dem reinen Nektar des langen Lebens, Grundlagen des tibetischen Buddhismus, Berlin 1994, S. 210

127) ebenda S. 165

128) Amipa, Lama Sherab Gyaltsen: Geistesschulung im tibetischen Buddhismus, Interlaken 1986, S. 140

129) Könchog, Gyaltsen Rinpoche Khenpo: Auf der Suche nach dem reinen Nektar des langen Lebens, Grundlagen des tibetischen Buddhismus, Berlin 1994, S. 213

130) Lavizzari-Raeuber, Alexandra: Thangkas, Rollbilder aus dem Himalaya, Kunst und symbolische Bedeutung, Köln 1984, S. 199

131) ebenda S. 96

132) Keilhauer, Anneliese und Peter: Ladakh und Zanskar – Lamaistische Klosterkultur zwischen Indien und Tibet, Köln 1980, S. 170

133D) Dagyab, Loden Sherap Rinpoche: Buddhistische Glückssymbole im tibetischen Kulturraum, München 1992, S. 36 – vergleiche auch:

Lavizzari-Raeuber, Alexandra: Thangkas, Rollbilder aus dem Himalaya, Kunst und mystische Bedeutung, Köln 1984, nur S. 193

134) Kunstamt Berlin-Tempelhof, Ausstellungskatalog: Tantrische Kunst Berlin 1981, S. 266

135) Olschak, Blanche Christine und Gesche Thupten Wangyal: Mystik und Kunst Alttibets, Bern / Stuttgart 1972, S. 166

136) ebenda S. 26

137) Govinda, Anagarika: Weg der weißen Wolken, Bern / München / Wien 1981, S. 273

138) Govinda, Angarika: Der Kreis, Informationsblatt des Ordens ĀMM Nr. 116 1975, S. 3

139) ebenda S. 5

140) Olschak, Blanche Christine und Gesche Thupten Wangyal: Mystik und Kunst Alttibets, Bern / Stuttgart 1972, S. 31

141) Lavizzari-Raeuber, Alexandra: Thangkas, Rollbilder aus dem Himalaya, Kunst und mystische Bedeutung, Köln 1984, S. 219

142) Hoffmann, Carl-Heinz, Heidelberg: persönliche Information

143) Govinda, Angarika: Der Kreis, Informationsblatt des Ordens ĀMM Nr. 191, 1989, S. 12

144) Olschak, Blanche Christine und Gesche Thupten Wangyal: Mystik und Kunst Alttibets, Bern / Stuttgart 1972, S. 215

145) Amipa, Lama Sherab Gyaltsen: Geistesschulung im tibetischen Buddhismus, Interlaken 1986, S. 113 f.

146) Govinda, Anagarika: Weg der weißen Wolken, Bern / München / Wien 1981, S. 275

147) Gerner, Wendelgard u. Manfred: Hemisfest, Stuttgart 1978, S. 65

148) Govinda, Anagarika: Weg der weißen Wolken, Bern / München / Wien 1981, S. 276

149) Goona, Usman, Leh / Ladakh: persönliche Information

150) Lexikon der fernöstlichen Weisheiten, Bern / München / Wien 1986, S. 99

151D) Dagyab, Loden Sherap Rinpoche: Buddhistische Glückssymbole im tibetischen Kulturraum, München 1992, S. 81

152) Amipa, Lama Sherab Gyaltsen: Geistesschulung im tibetischen Buddhismus, Interlaken 1986, S. 79

153) Kreisel, Dr. Gerhard, Stuttgart: persönliche Information

154D) Dagyab, Loden Sherap Rinpoche: Buddhistische Glückssymbole im tibetischen Kulturraum, München 1992, S. 38

155D) ebenda S. 40

156D) ebenda S. 86

157) Tibetisches Zentrum e. V., Hamburg: persönliche Information

158) Olschak, Blanche Christine und Gesche Thupten Wangyal: Mystik und Kunst Alttibets, Bern / Stuttgart 1972, S. 96

Literaturverzeichnis

Es erscheint hier zunächst eine Anmerkung erforderlich.

Tibet war bis zur chinesischen Invasion und der sich später aus ihr ergebenden Flucht vieler Tibeter ein abgeschlossenes Land, so daß außerhalb seiner Grenzen nur ein allgemein verschwommenes Bild von seiner geistigen Welt vorhanden war. Erst als tibetische Gelehrte in das Abendland und in die Neue Welt kamen, lichtete sich der Nebel. So ist es verständlich, daß in frühen abendländischen Veröffentlichungen, sowie in den neuen, die aus ihnen schöpften, Unrichtigkeiten zu finden sind. Dennoch haben die alten bahnbrechenden Arbeiten auch heute noch ihren Wert. Wir müssen sie nur sorgsam lesen und gegebenenfalls zu interpretieren wissen.

Amipa, Sherab Gyaltsen, Rabjampa Geshe: Geistesschulung im tibetischen Buddhismus, Interlaken 1986

Aschoff, Jürgen (Texte); Weyer, Helfried (Fotos): Tsaparang, Freiburg/i. B. 1987

Aufschnaiter, Peter: Sein Leben in Tibet, Insbruck 1983

Bachhofer, Joss (Herausgeber): Verrückte Weisheit – Leben und Lehren Milarepas, Haldanwang 1986

Dagyab, Loden Sherap, Rinpoche: Buddhistische Glückssymbole im tibetischen Kulturraum, München 1992

Dalai Lama: Einführung in den Buddhismus – die Vorträge von Harvard, 85567 Grafing (ohne Jahresangabe)

Dargyay, Eva K.: Das Tibetische Buch der Toten, Bern/München/Wien 1977

Evans-Wentz, W. Y.: Das Tibetische Totenbuch, Zürich 1948

Gerner, Wendelgard u. Manfred: Hemisfest, tibetische Tschammysterien, Stuttgart 1978

Glasenapp, Helmut von (Herausgeber): Buddha, Pfad zur Erleuchtung, Düsseldorf/Köln 1956 (Reprint, ohne Jahresangabe)

Goepper, Roger: Alchi, Buddhas · Göttinnen · Mandalas, Köln 1982

Govinda, Anagarika: Grundlagen tibetischer Mystik, Stuttgart 1966
Der Stupa, Freiburg /i.B. 1978
Weg der weißen Wolken, Bern/München/Wien 1981
Buddhistische Reflexionen, Bern/München/Wien 1983

Hummel, Siegbert: Lamaistische Studien, Leipzig 1950

Geschichte der tibetischen Kunst, Leipzig 1953

Die lamaistische Kunst in der Umwelt von Tibet, Leipzig 1955

Könchog, Gyaltsen Rinpoche, Khenpo: Auf der Suche nach dem reinen Nektar des langen Lebens, Grundlagen des tibetischen Buddhismus, Berlin 1994

Keilhauer, Anneliese u. Peter: Ladakh und Zanskar – lamaistische Klosterkultur zwischen Indien und Tibet, Köln 1980

Kunstamt Berlin Tempelhof, Ausstellungskatalog: Tantrische Kunst, Berlin 1981

Lauf, Detlef Ingo: Das Erbe Tibets, München/Bern/Wien 1975

Eine Ikonographie des tibetischen Buddhismus, Graz 1979

Geheimlehren tibetischer Totenbücher, Freiburg /i. B. 1977

Lavizzari-Raeuber, Alexandra: Thangkas, Rollbilder aus dem Himalaya, Kunst und mystische Bedeutung, Köln 1984

Lexikon der östlichen Weisheitslehren, Bern/München/Wien 1986

Lindhorst, Raimund: Darstellungen des Buddha und ihre symbolische Bedeutung im tibetischen Buddhismus, Berlin 1997

Milindapanha; Nyanaponika (Herausgeber): Die Fragen des Königs Milinda, Interlaken

Nyanatiloka (Herausgeber): Das Wort des Buddha, Konstanz 1978

Der Weg zur Erlösung, Konstanz 1956

Die Lehrreden des Buddha, Köln 1969

Olschak, Blanche Ch. u. Wangyal, Geshe Thupten: Mystik und Kunst Alttibets, Bern/ Stuttgart 1972

Sagaster, Klaus (Herausgeber): Ikonographie und Symbolik des Buddhismus, Teil A II, Wiesbaden 1983

Tucci Giuseppe: Geheimnis des Mandala; Theorie und Praxis, Düsseldorf 1995 (Reprint der Auflage Bern/München von 1972)

Waldschmidt, Ernst (Übersetzer): Die Legende des Buddha, Hamburg 1991 (Reprint der 1929 im Volksverband der Bücherfreunde, Wegweiser-Verlag GmbH, Berlin erschienenen Ausgabe)

Register

A

Acht glückbringende Dinge **40 ff**
Acht Glückssymbole **37 ff,** 40, 42, 102
Achtfache Pfad der Tugend 25, 30, **70,** 79
Adept 21, 58, **60,** 62, 83, 102
Ādi-Buddha (Skt.) 55, **70 f,** ***80,*** 90
Akṣobhya (Skt.) 20, 53, 60, 63, **71,** 74 f, ***81,*** 82, 122 f
Aktivitäten des Zorns **42**
Almosenschale → pātra
Amitābha (Skt.) 20, 51, 53, 63, **74 f,** 78, ***81,*** 94, 102, 122
Amitāyus (Skt.) 51, **75,** ***84,*** 90, 94, 102
Amoghasiddhi (Skt.) 20, **74**
amṛta (Skt.) 38, 56, 63, 75, 90, 98, 102, 106, **107,** 110, 115
Amulettbehälter ***112***
aṅkuśa (Skt.) **31,** 102
Antilopenfell ***83,*** **87, 90,** ***96***
Apchi (Skt.) 36, ***97***
Arhats (Skt.) 49
arūpaloka (Skt.) → triloka
Ārya-Tārā (Skt.) 98
Asaṅga 98
Asketentum → virakti
Atīśa 111
Augen **48**
Avalokiteśvara (Skt.) 11, 22 f, 25, 29 f, 49, 51, 57, 83, 90, **91,** ***92 f,*** 94 f, 98 f, 114, 139
Axt → paraśu

B

bardo (tib.) 59, 75
Befleckungen → kleśas
Begtse (tib.) **62 f,** 63, ***73***
Beichtritual **59,** 130
Bhaiṣajyaguru (Skt.) 51, **79, 82,** ***88***
Bhṛkuṭī (Skt.) 99
bīja (Skt.) 102, **122,** 131, 134
Bing-Mahākāla (Skt.) **13,** 58 f, ***69***
Bodhisattvas (Skt.) 32, 45, 50 f, 53, 62 f, 66 f, **87, 90 f,** ***92 f,*** **94 f,** ***96 f, 98 f,*** 115
Bogen u. Pfeil (cāpa u. śara [Skt.]) 62, **67,** 95, **102 f**
böse Geister 15 ff
Brahmā 17, 63, 70, 83
Brāhmaṇarupa **58,** ***68***
Buch → pustaka
Buddha-Heruka (Skt.) **75,** ***85***
Buddha-Kula (Skt.) 24, 53, 56 f, 59, 64, **71,** 91, 98 f, 122
Buddha Śākyamuni 11 f, 17, 19 ff, 25, 29 ff, 32, 35, 39, 43 ff, 49 ff, 53 ff, 58, 64, **67 f,** 71, ***77,*** 78 f, ***80,*** 91, 106, 110, 119, 122 f, 126 f, 130, 131, 138 f
Buddhas, heilende → Heilende Buddhas
Buddhas, reinigende → Reinigende Buddhas
Butterbilder ***113***
Butterlampen **114**

C

cakra (Skt.) 43, **45**
Cakrasaṃvara (Skt.) 49, 82, **83, 86,** ***89, 116,*** 122, 134
Cakravartin (Skt.) **43 ff**
cāpa (Skt.) → Bogen u. Pfeil
Chechog-Heruka (Skt.) **78,** ***85***
cintāmaṇi (Skt.) 24, 43, 45 f, 52, 54, **59,** 63, **79,** 82, ***158***
Cintāmaṇi-Mahākāla (Skt.) **59,** ***68***
Citipati (Skt.) 139, ***140***

D

Ḍākinīs (Skt.) 50, 58, 60, 74 f, 82 f, 86 f, ***101,*** **103,** 106 f, 110
Dalai Lama, der V. 111
ḍamaru (Skt.) 52, 60, 64, 78, 110, 130 f, 138

damcan (tib.) **66 f**
Dämonen 13, 16, **42, 59 f, 64, 91,** 138
dāna (Skt.) 79
darpaṇa (Skt.) 27, **31, 40, 47,** 61, 82, 106, 110
Demtschog (tib.) → Cakrasaṃvara (Skt.)
dharma (Skt.) 17, 29, **35 f,** 38 f, 42 ff, 47 f, 54, 58, 107, 119, 126, 130, 139
dharmacakra (Skt.) **25 f, 39, 43,** 66, 70, 74 f, 82, 90, 102
dharmadhātu (Skt.) **54, 71**
dharmakāya → trikāya
Dharmapāla (Skt.) 51, **57 ff,** 67, ***68,*** 130, 139
Dharmarāja (Skt.) 27
dharmavicaya (Skt.) 114
Dhṛtarāṣṭra (Skt.) **57, *65***
dhyāna (Skt.) 79
Dhyāni-Buddhas 20, 49, 53, 55 f, 67, **71, 74 f, *81*,** 123, 130 f
Diamantzepter → vajra
Digung Kagyüpa 36, 75
Digungpa 56, 118
Dölma (tib.) → Tārā
Doppelsymbol → Zwillingssymbol
Doppeltrommel → ḍamaru
dorje (tib.) → vajra
Drache 24
Drei „Gottheiten" des Langen Lebens 51, 75, 102
Drei Grundübel oder geistigen Gifte 17, **26,** 38, 41, 46 f, **58 ff, 60 ff,** 66, 70, 79, 90, 94 f, 102 f, 105, 107, **138**
drei Körper → trikāya
Drei Kostbarkeiten / Juwelen des Buddhismus → triratna
drei Reliquienbehälter für richtiges Handeln, Reden und Denken (Vajrapāṇi, Avalokiteśvara, Mañjuśrī) 22, **51,** 78, 82, 87, ***93,* 95,** *96,* 122, **127**
drei Welten (sphären) → triloka
drei Zeiten 57, 94, 107
Dreifaches Schmuckornament **47**
Dreiheit (Körper, Rede, Geist) → drei Reliquienbehälter
Dreizack → triśula
Dschampa (tib.) → Maitreya
Dschampal (tib.) → Mañjuśrī
Dschamyang (tib.) → Mañjuśrī
Dukpa Kagyüpa 34
Dūrvā Gras **41**

E

Ekādaśamukha-Avalokiteśvara (Skt.) **94**
Elefant, der Kostbare (und andere) 30, 32, **44 f,** 46, 68
Elefantenhaut **58, 83**
endloser Knoten → unendlicher Knoten
Erleuchtungsweisheit (fünf) → fünf Weisheiten

F

Fangschlinge → pāśa
Fische **38**
Früchte 31, **41 f, 47**
fünf geistige Gifte oder Wurzeln 37, 61, **138**
Fünf Schwestern des Langen Lebens **103, *104*, 106**
Fünf Sinneswahrnehmungen oder Fünf Arten des Genusses 31, 47 f, 87
fünf Weisheiten **57,** 70, **74,** 95

G

Garuda 24, 66, 74 f, 78, **91,** 107
Gau ***112***
Gebetsfahnen → Götter- u. Glücksfahnen
Gebetskranz → mālā
Gebetssteine → Maṇi-Steine
Geduld → kśānti
Geister, böse **13, 15 ff, 59 f**
Geisterfallen 16 f
Geistesbewußtsein 106, 123
Gelugpa 13, 34, 36, 64, 66, 86, 95, 130, 134
Gesetzesrad → maṇi-tschö-khor
Gewand, das kostbare **46**
ghaṇṭā (Skt.) 52, 59 f, **71,** 75, 78, 82, **86** f, 91, 95, 99, ***109*,** 110, **126,** 130, 138

Glocke → ghaṇṭā
gonkhang **35 f,** 56
Gönpo (tib.) → Mahākāla
Götter- oder Glücksfahnen („Gebetsfahnen") 16, **24,** *112*
Göttinnen der vier Jahreszeiten 61, ***105,*** **106**
Govinda, Lama Anagarika 11 ff, 21 ff, 25, 54, 83, 122, 135, 138
Grīsmadevī (Skt.) ***105,*** **106**
Grundübel/Wurzeln → Drei Grundübel
Guhyasamāja (Skt.) 49, **82**
Guru Dorje Dolö **107,** ***108***
Guru Nyima Özer **107**
Guru Padma Gyalpo **110**
Guru Rinpoche **106,** 110, 138
Guru Senge Dadog **107,** ***137,*** 139, *140*

H

Haus, das kostbare **46**
Hausvater, Hausherr, der kostbare **44 f,** 47
Haut, die kostbare **45**
Hayagrīva (Skt.) **62 f,** ***72***
heilende Buddhas 49, 51, **79,** ***88***
Hemantadevī (Skt.) ***105,*** **106**
Herr der Heilmittel, der Medizinmeister → Bhaiṣajyaguru
Herukas (Skt.) 11, **75,** 82, ***85***
Hevajra (Skt.) **82 f,** ***89,*** 134
Hexagramm 123
Hindernisdämonen 13, **42,** 58, **64**
Hinduismus 17, 90, 126
Hörfähigkeit 48
Horn des Einhorns **46**

I

Indra 91, 126

J

Jambhala (Skt.) **63 f,** ***73 f***
Jina → Sieger
Jogurt **41**

K

Kagyüpa 66, 71, 86, 118
Kālacakra (Skt.) 49, 82, **86 f,** ***89,*** 123
kalaśa (Skt.) 38, 52, 56, 63, 75, 90, 98, 102, 106, **107,** 110
Kali 60
kāmaloka → triloka
Kanakamuni 51, 80
Kanjur **119**
kapāla (Skt.) 48, 52, **59 ff,** 63, 75, 78, 83, 106, **107,** 110, 138
karma (Skt.) 26, **29, 78**
Karma-Heruka (Skt.) **78**
kartṛkā (Skt.) 52, 60, **83**
khaḍga (Skt.) 57, 59, 64, 66, 75, 78, 82, 91, **95**
khatas 51
khaṭvāṅga (Skt.) 56, **107,** 110
kleśas (Skt.) 41, **78,** 82, 106, 110
König von Sahor **110**
Königin, die kostbare **44 f**
Korallenzweig **46**
Körper, Rede, Geist → Drei Reliquienbehälter
krähenköpfiger Mahākāla ***69***
Kreislauf der Wiedergeburten → saṃsāra
Kriegsherr → Hausvater
kśānti (Skt.) 79
Kubera 57, **63 f**

L

ladse **16**
Land des Amitābha → Reines Land des Westen
Lebensrad → Rad der Existenzen
Lebenswasser → amṛta (Skt.)
leer, Leere, Leerheit → śūnyatā
lhakhang 11 f, 21, 24 f, 30, 34 f, 49 ff, 57, 126
lhato **16** f
lhatswo **16**
Licht **115**
Linga *136,* **139,** *141*

Lodan Chogse **110**
Lokapālas 26, 51, **57,** 63, ***65***
Lokeśvara → Avalokiteśvara (Skt.)
Lotos, Lotosblüte → padma (Skt.)
Lotos-Kula (Skt.) 122
Löwe, Schneelöwe 24, 74

M

Macht/machtvoll **42,** 44, 48 f, **57,** 60 f, 82
Mahākāla (Skt.) 36, **57** ff, 60, 62, 79, 83, 91, ***136,*** 139
mahākarūṇā (Skt.) 58, 61, **66, 79,** 87, 90, 98 f, 114
Mahāpañcarājas **66** f, *73*
Mahāsiddha (Skt.) 51
Mahāvairocana (Skt.) **70**
Mahāyāna 35, 49
Maitreya (Skt.) 35, 51, 54, 67, **90,** ***92,*** *113*
mālā (Skt.) 59, 90, 94
maṇḍala (Skt.) 19, 21, 34, 48, 50, 55, 71, 78, 115, ***116,*** **119, 122** f, **128,** 130 f, 134
Maṅgalā Dīrghāyuṣī **103,** ***104***
Manguste/Mungo 57, 60 f, **63 f**
maṇi (Skt.) 22 f, 26
Maṇi-Mauer **21 ff**
Maning-Mahākāla (Skt.) **58,** 62
Maṇi-Stein **22,** 63
maṇi-tschö-khor (tib.) 17, **25,** 51, 91
Mañjughoṣa (Skt.) → Mañjuśrī
Mañjuśrī (Skt.) 51, 66, ***93,*** **95,** 139
Mañjuśrī-Yamātaka (Skt.) 39, **66,** ***76***
mantra (Skt.) **21** f, 25, 42, 91, **99**, 114, 118
Māra (Skt.) 15, 26, 44, 74, 83, 94
Marpa 111
Maßeinheit von Magadha **47**
Maudgalyāyana (Skt.) 51
Meditation 30 f, 33, 55, 59 f, 102, 119, 130 f
Meditationskranz/Schnur → mālā
Meditation und Beruhigung **30,** 47
Medizin **41**
Medizin-Buddhas → heilende Buddhas
Medizinmeister → Bhaiṣajyaguru
Meru 53, 57, 83
Milarepa 111
Minister, der kostbare **44 f**
Mitempfinden/Mitleid → mahākarūṇā
mudrā (Skt.) 11, **52,** 55, 74, 78, 90, 94 f, 98, 102, 107
Mysterienspiele → Tscham-Mysterien

N

nāgas (Skt.) **91**
Nairātmā (Skt.) 83
Naropa 111
Nase **48**
Niederwerfung ***120,*** **126 f**
nirmāṇakāya → trikāya
nirvāṇa (Skt.) 26, 33, 40, 53 f, 58 f, 61, 64, 70, 83, 87, 90, 126
Nyinmapa (tib.) 11, 66, 75, 78, 106 f, 110, 118

O

Objekte, die zur geistigen Erregung führen **31,** 47
Ohren **48**
Ohrringe der Königin **46**
Ohrringe des Königs **47**
OṂ MAṆI PADME HŪM **21 ff,** 25, **91,** 114, 118
Opferkuchen → tormas
Opfermesser → kaṛtrā
Opferschalen ***113,*** **114 f**

P

padma (Skt.) 22 f, **38,** 52, 74, 78, 82, 90, 94 f, 98, 110, 118, 122, 126
Padma-Heruka (Skt.) **78,** ***85***
Padma-Kula → Buddha-Kula
Padmapāṇi (Skt.) ***92***
Padmasambhava (Skt.) 24, 49, 51, 55 f, 66 f, **106 f,** ***108,*** **110,** ***133,*** 138 f
Padmasölwa ***108,*** **110**
Pañjara-Mahākāla (Skt.) 60

pāramitās (Skt.) **59, 79,** 94, 98
Para-Śakti 123
paraśu (Skt.) 60, 75
parinirvāṇa (Skt.) 20, 70
pāśa (Skt.) **31, 60,** 64, 66, 91, **102**
pātra (Skt.) 52, 79
Pehar (tib.) 66 f
Peldenlhamo (tib.) → Śrīdevī
Pfeil (Skt.: śara) → Bogen und Pfeil
Pfeil- und Bogenstellung **101, 103**
Pferd, das kostbare **44,** 47 f
phurbu (tib.) → vajrakīla
prajñā (Skt.) 50, 58 ff, 66, 71, 74 f, 82 ff, 86 f, 103, 108, 110, 126
prajñāpāramitā (Skt.) 60, 79, 95, 98, **103**
prīti (Skt.) 114
pūjā ***120*, 127, 130**
pustaka (Skt.) 52, 95, ***117*, 119,** 127

R

Rad der Existenzen **26 ff,** 30, 59
Rad der Lehre → dharmacakra
ratna (Skt.) 53, 74
Ratnaḍākiṇī (Skt.) ***101***
Ratna-Heruka (Skt.) **78**
Ratnapāṇi (Skt.) 91
Ratnasambhava (Skt.) 19, 53, **74,** 78, ***81*,** *124*, 131
Reichtumsgott → Kubera
Reines Land des Amitābha / des westlichen Paradieses **53,** 55, 122, 126 f
reinigende Buddhas 49, 51, **78, *88***
Reinigung ***120*, 126 f**
Riechfähigkeit 48
Ritualtext → sādhana
rūpa (Skt.) **90**
rūpaloka → triloka

S

Ṣaḍakṣarī-Lokeśvara (Skt.) **91, 94**
Ṣaḍbhuja-Mahākāla (Skt.) 58 f, ***68***
sādhana (Skt.) 50, 53, 82, 99, **122 f**
Sahasrabhuja-Avalokiteśvara (Skt.) 94
Sakya 68
Sakyapa (Skt.) 95
Sakysengge **110**
samādhi (Skt.) 30, 114
Samantabhadra (Skt.) **71,** 78, ***80*,** 110
sambhogakāya → trikāya
saṃjñā (Skt.) **90**
saṃsāra (Skt.) **25 ff,** 35, 38, **40 f,** 59, **64,** 70 f, 83, 87, **98,** 126
saṃskāra (Skt.) **90**
Samye 106
Sanduhrtrommel → ḍamaru
saṅgha (Skt.) 17, 130
Śāntarakṣita 106
śara (Skt.) → Bogen und Pfeil
Śaraddevī ***105*, 106**
Śāriputra 51
Sarvabuddhaḍākinī (Skt.) ***101*,** *112*
Sarvavid-Vairocana (Skt.) 39
Schädelschale → kapāla
Schatzvase → kalaśa
Schindsche (tib.) → Yama
Schirm 20, **38, 60 f,** 102
Schlangen → nāgas
Schleichkatze → Manguste/Mungo
Schlinge → pāśa
Schmeckfähigkeit 48
Schneckenhorn 31, 38, **42, 47,** 63, ***124*,** 131
Schuhe, die kostbaren **46**
Schwarzhutzauberer ***133*,** 138
Schwert → khaḍga
Schwert, das kostbare **45**
Sehfähigkeit 48
Seil/Schnur → paśa
Senfkörner **42**
Siddhārtha Gautama → Buddha Śākyamuni
Siddhas 51, **82**
siddhi 106
Sieben Juwelen **46 f**
Sieben königliche Besitztümer **11 f**
Sieben Kostbarkeiten der Königsherrschaft **43 ff**
Sieben sekundäre Kostbarkeiten **45 f**
Sieger **39 f, 48, 71**

Siegeszeichen **39,** 57, **63** f
śīla (Skt.) 79, 115
Siṃhavaktrāḍākinī (Skt.) ***101***
Sitabrahmā (Skt.) **63, *69***
Sitātapatrā (Skt.) ***100*, 102**
Sita-Tārā (Skt.) ***97*, 98**
Śiva (Skt.) 17, 58, 123
skandhas (Skt.) 71, **90**
Skorpion 62, 91, 107
smriti (Skt.) 114
Songtsen Gampo 99
Speicherbewußtsein 106, 123
Spiegel → darpaṇa
Śrīdevī (Skt.) **60 f, *72*,** 102, 106, 139
Stoßzähne eines Elefanten **47**
Stupa (Skt.) 19, 70
sukha (Skt.) 114
Sumatī (Fee) (Skt.) ***104***
Sumukhī (Fee) (Skt.) ***104***
śunyatā (Skt.) **30,** 39, 54, **57,** 60, 70 f, 74, **83,** 86 f, **91,** 103, 108, **126**
svastika 123
Śyāma-Tārā (Skt.) 98

T

Tanjur 19, **119**
tantra (Skt.) 49, 82 f, 87, 122 f
Tārā (Skt.) 36, 49, 51, 75, **95, *96 f*, 98 f,** 102, 118
tarchen 24
Tathāgata-Kula → Buddha-Kula
Tathāgatas → Dhyāni-Buddhas
thaṅgka (Skt.) 50, ***129***
Tiger 24, **58,** 107
Tigerfell **57 f,** 83, 91, 107
Tilopa ***108***
tormas ***113*, 115, 118, *128*,** 134
trikāya (Skt.) **55, 94, 131, 134**
triloka (Skt.) **55, 94, 119, 131**
triratna (Skt.) **17,** 54, **127, 130**
triśūla (Skt.) **17,** 60, 78
tsan **18**
tsandog **18**
tsangkhang (tib.) **34**
Tscham-Mysterien 13, 24, 36, 118, ***129*, *132 f*, 135, *136 f*, 138 f, *140 f***
Tschangna Dordsche (tib.) → Vajrapāṇi
Tschenresi (tib.) → Avalokiteśvara
tschokhang 35
tschörten (tib.) **19 ff,** 25, 70, 90, 95, 107, 118
tsha-tsha ***112***
Tsongkhapa 95, 111
Tuśita-Himmel 90

U

unendlicher Knoten **38, *142***
upāya (Skt.) 126
upeksha (Skt.) 114
Ur-Buddha → Ādi-Buddha
uṣṇīṣa (Skt.) **99, 131**
Uṣṇīṣasitātapatrā (Skt.) ***97*,** 98
Uṣṇīṣavijayā (Skt.) 51, 75, **99, *100***

V

Vairocana (Skt.) 20, 54, **74,** 99, 102, 123
Vaiśravaṇa (Skt.) **57,** 63, ***65***
vajra (Skt.) 52, 56, 59 f, 62, 65 f, 71, 74 f, 82, 86 f, **91,** 95, 99, 102 f, 106, **107, *109*,** 110, **126,** 131, 134
Vajrabhairava (Skt.) **64,** 66, ***76***
Vajradhara (Skt.) 62, **71, *80*,** 82, 91
Vajra-Heruka (Skt.) **75**
Vajrajana (Skt.) 98
vajrakīla (Skt.) **59,** 61, 107, 110, 138
vajra-Kula (Skt.) 60, 122
vajrakumāra (Skt.) → vajrakīla
Vajrapāṇi (Skt.) 51, 62, **90 f, *93*,** 95
Vajrasattva (Skt.) 49, 70, ***96*, 99**
Vajravārāhī (Skt.) **83,** 86, *116*
Vajrayāna (Skt.) 49
Vasantadevī (Skt.) ***105*, 106**
Vase/Gefäß → kalaśa
vedanā (Skt.) **90**
Verunreinigungen → kleśas

Vier Edlen Wahrheiten **30, 70**
Vier Einträchtige **32 f**
Vier göttliche Qualitäten **86**
vier große Elemente 86
vijñāna (Skt.) **90**
Vināyaka (Skt.) 58, ***68***
virakti (Skt.) 35
Virūḍhaka (Skt.) **57, *65***
Virūpākṣa (Skt.) **57, *65***
vīrya (Skt.) 79, 114
Visnu 17, 62
Viśravas (Skt.) 63
Visvapāṇi (Skt.) 91
viśvavajra (Skt.) 74, 102, 107, 122
vollkommene Weisheit → prajñapāramitā
Vollkommenheit → pāramita
Votivgaben ***112***

W

Wächter/Beschützer der Lehre → Darma-pālas
Wasser der Langlebigkeit / Unsterblichkeit / Todlosigkeit → amṛta
Weisheit → prajñā
Weisheit (vollkommene) → prajñāpāramitā
Weltenherrscher → Cakravartin
Weltenhüter → Lokapālas
Westliches Paradies → Reines Land des Westen
Wunschjuwel → cintāmaṇi

Y

Yab-yum **50,** 58, 66, 71, 74 f, 78, 82, 86, *89*, **103,** 107, 110
Yama 26 f, 36, 61, **64, *76*,** 94, 139, ***141***
Yamāntaka 36, **64, *76*,** 130, ***136*,** 139
Yamī 64, ***76***
Yi-dam 63, **82**
yum **50**

Z

Zauberdolch → vajrakīla
Zepter der diamantklaren Wahrheit → vajra
Zimbeln 31, 47 f, 131
Zinnober **42**
zornvoll → machtvoll
Zunge **48**
zwei Aspekte der Wahrheit **86**
Zwillingssymbol 62, **67,** 102, 126
Zwölf Glieder des abhängigen Entstehens **29 f,** 83

Vom gleichen Autor ist bereits erschienen:

Darstellungen des Buddha

und ihre symbolische Bedeutung
im tibetischen Buddhismus

Ein Textbildband im Großformat
mit 160 Seiten und 78 Farbbildern

Eine „ausgezeichnete Einführung für alle, die sich mit der Ikonographie befassen wollen."

Dr. Karl-Heinz Gottmann (Advayavajra)
Mahācārya des Ordens Ārya Maitreya Maṇḍala

„Ein Buch, das die wesentlichsten Aspekte der tibetisch-buddhistischen Ikonographie und des tibetischen Buddhismus überhaupt klar, verständlich, übersichtlich und anspruchsvoll beschreibt. Auf diese Weise wird auch dem Laien ein wirkliches Verständnis der Darstellungen ermöglicht."

Dr. Klaus Butzenberger, Professor

Das Buch will allen denen helfen, die sich für die tibetische Form des Buddhismus interessieren – sowie denen, die nach Tibet oder Ladakh reisen – die schier unübersehbare Zahl der unterschiedlichsten Darstellungen des Buddha zu verstehen. Sie stellen alle jeweils einen gesonderten Aspekt des Erleuchteten dar. Doch was drücken sie aus? Was ist ihre symbolische Bedeutung und die ihrer jeweiligen Hand- und Fingerhaltungen und was veranschaulichen die Embleme, die sie in Händen halten? Warum gibt es fried- und machtvolle Erscheinungsformen? Was sagen ihre unterschiedlichen Körperfarben aus? …

Viele Fragen der Symbolik werden hier verständlich und aus tibetischer Sicht (und nicht aus einem abendländischen Blickwinkel) erläutert. Das Manuskript dieses Buches wurde vor seiner Drucklegung von zwei tibetischen Lamas kritisch und hilfreich durchgesehen. Ein Buch, so sagte einer von ihnen, das es bisher nicht gibt.

Im Selbstvertrieb des Autors

Raimund Lindhorst
Breite Str. 15
14199 Berlin